ある遺言のゆくえ

死刑囚永山則夫がのこしたもの

永山子ども基金｜編

東京シューレ出版
tokyo shure publishing

はじめに

NPO法人東京シューレ　奥地圭子

梅雨入り前の暑い日であった。

東武線小菅駅を下車して、荒川沿いに私は、東京拘置所に向けて歩いていた。電車から見える大きくきれいな建物がそれとは、教えられるまでは知らなかった。拘置所の塀沿いを左に折れ、やがて面会者用の玄関に至る。私が面会しようとしていたのは交通事故に関係した若者のSOSが手紙で届いたからであったが、歩きながら、突然私は、永山則夫のことを思い出した。

永山則夫は、東京拘置所にいたのだった。

このどこにいたのだろう。建て替え前の古い小菅刑務所だったのだろうか。

永山則夫は、死刑囚だった。死刑執行は、一九九七年八月一日だ。まもなく満九年。彼が亡くなってから一〇年目になる。この拘置所の中でどんな日々だったのか。
永山則夫に直接会ったことは一度もない。
しかし、不思議なつながりがあった。

私は、一九八五年、不登校の激増の中、学校の外に、子どもたちの居場所が必要と考え、親の会・市民の協力をもとに、東京シューレというフリースクールを開設した。小さな雑居ビルの一室だったが、学校を長期に欠席し、悩んだり苦しんだりしていた登校拒否の子どもたちが次々通ってきた。四~五人から始まった場所は、一年で二〇~三〇人になった。多くの子がいじめを受けた経験があった。受験競争に傷ついたり、息苦しい学校に疲れきったり、体罰や部活のしごきで恐くなった子もいた。しかし、学校に行かない、行けない子は理解されず、心の病として精神科へ入院させられたり、怠けとしてスパルタ的に訓練する施設に預けられたりした。当時の対応は「首に縄をつけても登校させる」という方法がとられることが多く、追い詰められ家庭内暴力や強迫神経症がともなう子もいたし、身体の具合が悪くなる子もいた。ひけ目から閉じこもりも多かった。

東京シューレは、不登校をなおすとか、学校へ戻す考え方ではない。何らかの事情で学校と距離をとっていることを受けとめ、学びや成長は学校だけではないと考えてきた。子どもは安心して育つ権利があり、教育が権利保障であれば、不登校もまた権利であるはずである。しかしながら不登校は、理解されず、誤解や偏見にさらされ、居場所もなかったのである。東京シューレは、友だちづくりや学習・さまざまな体験や子どもの活動を肯定的なまなざしの中で行う場であり、いわば、行政が学ぶ権利を満たせないなら、市民で学ぶ権利をささやかでも保障しようという場であった。

しかも、それを大人が仕切るのでなく、子ども中心であり、自由・自治・個の尊重を理念としながら、六歳〜二〇歳の場として、通いのフリースクールを作ってきている。現在では、ホームエデュケーション部門やシューレ大学部門も持っている。

この東京シューレに、二〇〇〇年六月、ペルーから一六歳の女の子がやってきた。ペルーの子どもたちとの出会いは、初めてであった。名をパトリシアと言い、小さな頃から働いて生きてきたワーキングチルドレンの一人だった。

パトリシアの話に、私もシューレの他の人たちもとても驚いた。パトリシアは「ナソップ」という子ども組織の全国委員をやっていて、生きていくのも大変なワーキングチルドレンの子どもたちが、なんと一万人もつながっているという。そして、それを子どもたちで運営し、子どもの権利を前進させるためのいろいろな活動を自分たちでやっている、というのである。

強い関心をそそられた私たちは、月一回の研究会を持ち、南北問題や貧困を生み出す経済構造を学んだり、ペルーやナソップを訪問した人の話を聞いたりした。

研究会のチューターをやってくれたのは、東京シューレOBの青年で、彼は、自分の足で中南米を歩き、ナソップにも行ったことがあった。彼は大学の四年生だったが、就職が決まり、秋のうちならペルーまで同行し、案内もしてくれるという。スペイン語も堪能だった。行くなら今だ、と感じた。ちょうど二〇〇一年九月一一日、米国での世界貿易センタービルがテロによって崩壊した事件が起こり、行くか行かないか迷ったが、チケットも手配しており、思い切って一二人の一行は行くことを決意した。

その際、パトリシアが日本に来れたのは、永山子ども基金の応援であることを初めて知ったのである。そして、ペルーに行く前に、永山子ども募金の関係者の方々と会い、ペルーへのことづけを預かることにもなった。そのため大谷恭子弁護士事務所に趣き、永山則夫弁護人の一人だった大谷さんや基金の人たちと話をした。その中で、私は、はっきり思い出したことがあった。永山則夫との間接的な出会いのことを。

それは、とても不思議な縁であった。というのは、東京シューレを開設した一九八五年当時に、永山則夫の妻に私は会っていたのである。

東京シューレの始まりは、北区東十条駅そばの小さな雑居ビルの一室だったが、そこは夜ともなれば赤ちょうちんが下がる駅通りの横丁のくぐり戸を入り、古びたアパートの前の狭い道を通り抜け、鉄製の空中階段と回廊を通って、やっとドアに至る三階にあった。

ある日、ノックの音に出てみると、華奢な感じの女性が立っており、「びっくりされたでしょう。私は、永山則夫の妻です。」と言われた。「中へどうぞ」と言っても、「いえ、ここでけっこうです」と言われ、玄関前の鉄製階段の手すりのところで、立ち話をしたのだった。永山さんは、獄中で、新聞記事で東京シューレのことを知ったという。そして、永山則夫の書いた本を渡してきてほしいと言われたそうで、「受け取って下さい」と彼女は彼の著書を差し出した。それからずっと東京シューレの本箱には『無知の涙』と『木橋』が置いてあり、手にした子たちもいたのだが、そのことがここでつながるとは。

大谷事務所には、永山裁判を記録した本もあり、私は一気に読んで、心を突き動かされた。そして、ペルーの働く貧しい子たちに、死の直前、彼のいのちの償いのようなお金が送られ、そのお金がナソップを支え、また、パトリシアが来日でき、東京シューレと出会うことになったそのつながりの糸を考えずにはおれなかった。

さて、現地ペルーを訪れて、具体的なことを知るにつけ、私たちは驚きと尊敬とそして感動を彼らに覚えたことは間違いない。

まず、子どもたちが主体であるという考え方に、子どもたちも支援する大人たちも徹していた。主人公は子どもであり、決定権を子どもが持ち、子どもたちで実行し、進めていくのである。現地では一万二〇〇〇人と聞いたが、それだけの子どもたちを、各地域から一人ずつ選ばれた一六人の全国代表が、自分の生活や家族を支えるために働きながらもつながりつつ守る行動をやっているのである。

想像を絶する労働のきつさや貧しさを目にした。その中で、皆が幸せにならないと本当には幸せじゃないと考えていて、異年齢の子たちが助け合い、大きな子が小さな子を支えていた。そして「児童労働を禁止させないで。働くことは権利だから」と語ってくれた。

この本を読んでいただくとわかると思うが、この優れた素晴らしい活動と考え方を日本人たちに知ってもらいたいと私たちは思った。幸い助成金がおりたので、翌年の二〇〇二年一二月に、一二歳、一七歳、一七歳、一八歳の四人のナソップの子どもたちと、スタッフ一人を日本に招聘することができた。幾多の困難やハプニングを越えて、「子どもの権利フォーラム2002in千葉」のシンポジウム会場に、なんとか無事到着、再会した時のうれしさは忘れられない。彼らの話は、日本の大人たちをも励ますものであった。「子どもの権利条約は、僕たちを幸せにするのになくてはならない道具です」と一二歳の全国代表は語った。

たくさんの交流会やシンポジウムが行われたが、ここでは、永山則夫について、彼らがどう考えているかがわかる部分を紹介したい。一二月九日、「永山子ども基金」主催で「Nから子ども達へ――ある遺言の行方――南と北の子どもが出会う時」という集会を行い、その質疑の時だった。「いじわるな質問かと思うが、皆さんを支援している永山さんは四人の罪のない人を殺している。犯した事実についてどう思うか」という質問が出た。

ペルーの子の一人は「確かに罪は犯した。しかし彼は、小さな時から、私たちが今やっているように一緒に考えてくれる人や、一緒に学べる場を持っていなかったのではないでしょうか。もし、彼が私たちのような運動と出会っていたら、あるいは、お互いの話を聞いて意識化が図られていたら彼は罪を犯してなかったのではないでしょうか」と言った。もう一人は「この罪は永山さんだけの罪ではありません。日本社会全体が責任を負っています。社会が私たちを作り上げているのです。日本という社会の構造の中で生じたことであって、社会の責任でもあると思います」と付け加えた。この言葉の深さに、すごいと思ったことが忘れられない。

永山則夫は、なぜ東京シューレに関心を寄せたのだろうか。

彼は学校を長期に欠席していた。今でいう登校拒否、不登校というより、想像を絶する貧困が原因といえる。しかし、学校は、そのような社会的弱者には冷たい世界である。学校に行きたくない、行かれない気持は充分にわかったであろうし、不登校は否定せず、その子の生きていく存在を応援する東京シューレへの共感的な感情ももってくれたかもしれない。また、彼は充分、表面の現象的な行動がどのような社会的背景とつながって生じるかを洞察するようにもなっていただろう。

その上で、貧困や不登校のみでなく、当事者の少年たちがつながりあいながら、子ども自身の力で楽しく生き成長しようという姿に、もし自分がそのような出会いや支え合いがあれば、この中（拘置所）にはいなかったであろうという意識もあったかもしれないと想像する。

これを考えると永山則夫の孤独・不安、そしてつらさが、いかほどに深かったということに思いをいたさないわけにはいかない。

ペルーの子どもたちの指摘した通りである。そして、それは、今の日本の子ども・若者をめぐる状況ともそっくり重なる。不登校・ひきこもり・ニートが本人の意志に関係なくなおそうとされ、当事者に苦しい状況が拡大している。それらが引き起こされるにいたる社会的背景や本人を追い詰めた関係・状況には目を向けられず、全て個人が断罪され裁かれ、その方向も厳罰化に向かっている。

永山則夫が提起している問題は、今日の日本の課題でもある。

永山則夫のおかげでペルーの子どもたちに会うことができたことに、不思議というより、今は、必然性に近いものも感じつつ、没年一〇周年を迎え、記念発行するこの本が、多くの人に読まれることを期待したい。

二〇〇六年七月

ある遺言のゆくえ　死刑囚　永山則夫がのこしたもの

第2章　東京シューレナソップ訪問記

第4章　永山則夫の歩いた道・遺した道

装幀／藤森瑞樹
写真／逸見幸生（第一章）／義井　豊（カバー・各章扉）

第1章

ある遺言のゆくえ

ある遺言のゆくえ

大谷恭子

早稲田大学卒業。1978年弁護士登録、第2東京弁護士会所属。日本女子大学非常勤講師。永山則夫控訴審弁護人。主著『死刑事件弁護人』（悠々社）『共生の法律学』（有斐閣）

序にかえて

一九九七年八月一日、永山則夫は死刑に処せられる直前、「本の印税を日本と世界の貧しい子どもたちへ、特にペルーの貧しい子どもたちのために使って欲しい」と遺言を遺した。私はこれを、東京拘置所に遺骨と遺品を引き取りに行ったときに、執行に立ち会ったという職員から聞かされた。「貧しい子どもたちへ」は彼らしい遺言だ。しかし、何でペルーなのか。私は「ペルーの子どもたちへ」ときかされ、心底驚いた。そして、彼がペルーと言った以上、これは私が責任を持って送らなければならないと思った。

実は私は死刑執行のちょうど一年前の一九九六年七月、ペルーで逮捕された日本赤軍メンバーの子どもを引き取りに、ペルーを訪れていた。母親だけ日本に強制送還され、子どもは国籍不明としてペルーに拘束されたままになっていたのだ。そのときペルー内外の関係者に世話になり、少年が保護（拘束）されていた施設も見学し、ペルーの子どもたちの現状も見た。これは単なる偶然ではあるが、でもこれではまるで一年前に下見してきたようなものだった。

私は遺骨も遺品も引き取りに行くつもりはなかった。遺体のまま引き取りたかった。執行の報をきいてから必死に身柄引受人に連絡を取ろうとした。連絡が取れず、やむなく「元弁護人として遺体を引き取りに行くからそのままにしておいて欲しい」と連絡を入れた。そのとき、すでに火葬場に送られた後だったのか、とにかく間に合わなかった。いつ頃からか、彼への執行を現実味のあるものとして考えていたわけではないが、それでも、執行されたときは必ず遺体のまま引き取って、人並みのお別れの会をしようと考えていた。それがかなわなかったのだから、遺骨の引き取りは遠藤弁護士にお任せし、お断りした。

私は、その日、事務所に行き、古い記録から彼の両親の眠るお寺の名前と所在を捜していた。控訴審のとき、青森・板柳にあるお寺に、獄中結婚した妻とお父さんのお墓参りをしたことがある。そこには、今は永山の母も、姉も眠っているはずだ。彼はそこに眠ることを望むだろうか。記録を繰ると走馬燈のようによみがえる。接見室での彼との会話、妻と共に函館、京都、名古屋の遺族を訪ねたこと、老いた母が、ノリオ、ノリオと声にならない声をあげて泣いたこと——記録に閉じ込めていた、つらい、重い記憶があふれ出る。そして、やはり彼の最期の様子を聞いておこうと思い立ち、急に行くことにした。そこで、拘置所の外に持ち出すことの出来なかったあの膨大な原稿を見、「ペルーの子どもたちへ」との遺言を聞いた。

彼の遺言どおり印税をペルーに送り、私の恨み節のような『死刑事件弁護人——永山則夫とともに』を出版し、やっと私にとっての事件も終わろうとしていた。その矢先、ペルーから印税を受領した団体の中心的活動をしていた少女が来日した。私たちは彼女からペルーの子どもたちの話をきく集会をもち、彼女は、日本の子どもたちとの交流をもとめた。これがきっかけとなり、東京シューレとペルーの働く子どもたちとの交流が始まり、私たちの手を離れた交流が続けられることとなった。

私は「一粒の麦　もし死なずんば——」という言葉は嫌いだ。しかし、好悪は別として、命とひきかえにまいた種が、花を咲かし実を結ぶことはある。

永山が死刑の執行とひきかえにまいた種は、遠くペルーで、働く子どもたちの尊厳と自立を守るための拠点として実を結んだ。働く子どもたち——彼らは、社会の最下層で、最も低い賃金で働く労働者。彼らを貧困と無知から解放し、仲間意識を育てること——これこそが犯罪のない社会への礎となるはずだと永山は真剣に考えていた。彼らこそが、永山が出会いを求めてやまない人々であったし、これこそが彼のやりたいことだった。それだけではない。永山のまいた種はペルーで実を結んだだけでなく、ペルーの働く子どもたちと日本の若者たちとの交流という国境を越えた仲間をつくった。死刑囚がペルーの働く子どもたちと日本の若者をつないだのである。

このことが、なぜ永山の生あるうちに出来なかったのか。生が許されていたら、せめて死刑が確定しても自由に人と会え、本を出版することが出来たら、彼は印税をペルーの貧しい子どもに送り、彼らと彼らと交流した日本の若者とも交流したはずだ。これを許さなかった日本という国のあり方に怒りがわく。それでも、死してなお、思いを実現し、働く子どもたちと出会え、彼らと日本の若者との交流につながったことに、彼も満足してくれているに違いない。

永山をノリオちゃんと呼び、弁護人と被告人の関係を超えていた遠藤弁護士が、二〇〇二年一月亡くなられた。仏教者でもあった故人の魂の行き先は定められたものなのだろうが、願わくは、ノリオちゃんと出会えていますように——ご冥福を祈ります。

1．死刑囚の遺言

死刑執行

現在日本には、八三人（二〇〇六年五月末現在）の死刑確定囚がいる。彼らは裁判が確定し、再審あるいは恩赦によって罪が減じられない限り、いつの日か死刑が執行される身である。我が国では、裁判が確定してから死刑が執行されるまでは、おおよそ数年から一〇数年を要する。これは決して死刑囚が最後のお別れをするためにあるのでもなく、また、万が一にも判決に誤りがないように再審の機会を十二分に与えるためにあるのではない。それが証拠に、死刑が確定すると、死刑囚は外部の人と会うことも話すことも極端に制限される。面会も文通も基本的に親族と拘置所が認めた身柄引受人間にのみ限られる。その理由は、死刑囚が外部の一般の人と会うと心情が不安定になるからだという。死を前にして心情が不安定になるのは当然である。いまだ生ある者として精神も肉体もおのずと騒ぐ。しかし、死刑を執行する法務省当局とすると、これはあってはならないことなのである。彼らは死刑囚が死刑の判決を受け入れ、死に従容としてつくことを求める。

死刑囚は裁判が確定してからその執行するまでの間、社会から厳しく隔絶され、あたかも既に社会的に死んだものとして扱われる。

死刑の執行は、その本人にも、また家族にも事前に告知されない。死刑囚にとってその執行は不意におとずれる。もちろん、いつきてもおかしくないものとして毎朝（何の根拠か執行は必ず朝おこなわれる）、執行のためのお迎えが来ることにおびえる。その時間が過ぎて、やっと今日一日の生が許されたことがわかる。一九六〇年代までは、少なくとも前日には本人と家族に告知され、最期のお別れができた。一九六七年、東京拘置所で処刑された島秋人は、執行前夜に「この澄めるこころ 在るとは識《し》らず来て 刑死の明日に迫る夜温《ぬく》し」（『遺愛集』）と辞世の句を遺している。しかし、今では、死刑執行書が執行する拘置所に届けられてからも拘置所はひた隠しに隠し、死刑囚が本日執行と聞いても暴れないように周到な準備をする。法は執行書が届いてから五日以内に執行せよ、と規定しているから、この五日間は執行する側もかなりの緊張を強いられていることになる。

死刑囚永山則夫は、一九九七年八月一日死刑の執行がされた。絶命は死亡診断書によると一〇時三九分。彼は、その日、その朝に執行があることを知らなかったはずだ。不意に訪れた執行官に、そのとき彼はどうしたのだろうか。既に心の準備が出来ていた者として、執行官に付き従ったのだろうか。

執行の朝、東京拘置所に同じく死刑囚として在監している大道寺将史は「ウォー」という絶叫を聞いている。あの異様な声は永山が刑場へ連行されるときの彼の叫び声だったのだろうか。

彼が当日の朝まで使っていた布団は八月四日、遺骨と一緒に引き取り、他の遺品とともに私が預かることになった。そして八月中旬、初めて遺品を部屋に広げた時、布団の隅が何か薬品のようなもので濡れていた。無色無臭だが、執行後三週間経っても乾かないこのシミはいったい何を意味するのか。

永山は権力と体制を憎んでいた。そして、死刑制度を「権力による殺人である」とし、これに闘いを挑もうとしていた。人を殺した者が、自ら法廷で死刑制度の当否を主張することは適切でないと弁護人が説得しても、譲らなかった。人を殺した者であるが故にわかること、憎しみを連鎖させてはならないと強く主張していた。この話題になると彼は決まって孫斗八《そんとうは》の名を出した。孫斗八――彼は一九六三年に処刑されたが、彼もまた我国のアウトサイダーとして一人で権力に闘いを挑み続け、獄中から数々の処遇改善を求める訴訟を提起し、「教《きょう》誨《かい》」や「心情の安定」になびくことなく、処刑に抵抗し、執行官の「お迎え」にも暴力的に抗い、取り押さえられて首に縄がかけられた。このことは、彼の遺体に無数の傷があったことで明らかとなった。

永山はこの話を出し、どうしたらたった一人で処刑台の上で抗い続けることが出来るか、私に語った。彼は房の中で暴れたのだろうか、それとも、事前にそれを封じる何らかの手だてが彼に加えられたのだろうか、私はこれをどうしても知りたく、何とか遺体のまま拘置所の外に出したかった。極秘のはずの執行の報が外に漏れたのが八月二日午前二時。深夜の電話での記者からの一報のときには既に執行から一昼夜を経ていた。あけて元弁護人として遺体を引き取るからそのままにしておいてくれと拘置所に連絡を入れたのが二日午後二時。折り返しの電話で既に茶毘《だび》にふしたと言われたのだが、遺骨と共に渡された埋葬許可書によると、茶毘は午後三時。小菅の拘置所から四ツ木の火葬場までは近い。三〇分もかかるはずがない。果たして私の電話は本当に間に合わなかったのか。もし間に合っていたとしても、手際よく茶毘に回した段取りを変えたくない何らかの事情が拘置所側にあったのではなかろうか。いずれにしても、遺体のまま引き取ることが出来なかった以上、我々はそれを知りうるチャンスを逃した。

口頭での遺言

死刑囚が遺言を遺すことは珍しくないはずだ。

死と隣り合わせというか、いつも死を突きつけられた生であるが故に、何よりも遺言になじむ。しかし、この遺言が外に伝えられることは少ない。限られた身柄引受人――死刑囚の場合には遺体（骨）・遺品引取人であるが――しか、これを聞くことはできない。多くの死刑囚は家族とも絶縁し、身柄引受人すらいないとなると、この遺言は引き取られない遺骨が無縁仏として埋葬されるように、拘置所の記録の中に封印されたままになる。

遺体のままの引き取りに失敗し、私たちは遺骨と遺品の引き取りに八月四日、東京拘置所に行った。このときには、この死刑執行が身柄引受人が不在となったことを狙っていたかの如くのものであったことがわかったので、遠藤誠弁護士を中心に、元弁護人であった私ら弁護士で引き取りに行った。

ここで私たちは執行に立ち会ったという職員から、永山の遺言を聞かされた。

一、遺品の処理は遠藤弁護士にまかせる。

二、印税は遠藤弁護士と新谷さんが共同して、世界の貧しい子、特にペルーの貧しい子どもたちのために使うこと。
三、「大論理学」は中国大使館に届け、中国の研究者に渡すこと。
四、遺体の処理は東京拘置所にまかせる。

これを、執行の直前に、口頭でのこしたという。

遺体の処理を除けば彼らしい遺言だ。そうか、彼は最期は刑を受け入れ、従ったのだ、と正直私は安堵した。誰の目も届かない密室で多勢に囲まれて暴行を受けるようなことは、もうしてもらいたくなかった。これだけの遺言は、少なくとも精神が安定していなければ出てくるものではない。私は最期の様子を聞いた。これをのこしたときの彼の様子はどうだったのかと。しかし、これに対しては、職員は「執行は厳粛に行われた」と答えるだけで、これ以上は何を聞かれても言ってはいけないと決めていた。

八月一日の朝、六時起床、点呼、朝食の後、絶命した一〇時三九分までの間、彼に何が起こり、彼はいつ、どこで、どのような状況の中でこの遺言をのこしたのか。

彼の絶筆となった小説『華』は「朝、」と明らかに文章の途中で終わっている。毎日、きっと規則正しく執筆し続けていただろう彼は、その日の朝も机に向かい、そして、突然の迎えを受けた。この時、彼は執行のための迎えであることを理解したのだろうか。少なくとも、遺言は房内でされたものではない。

そもそも彼はなぜ、文書で遺言をのこさなかったのか。彼は毎日小説を書いていた。書くことに慣れ親しんだ人である。遺言をのこそうと思ったら、彼の性格から自分で書いたのではなかろうか。彼は、その日を意識していたし、その日のために筆ペンを用意していた。その筆ペンは実際彼の遺品の中にあった。彼のことだから本当に覚悟した上での遺言だったら、辞世の句ぐらい遺したかったはずだ。遺言は、繰り返すが、四、を除けば彼らしい内容だ。永山が言ってもいないことを東京拘置所が創造し、捏造することなど、その内容からありえない。彼はなぜ書き遺さなかったのだろうか。

最期の接見

執行の直前の七月二八日、市原みちえは永山に接見した。法は法務大臣が死刑執行書にサインしてから五日以内に執行しなければならないと規定している。八月一日に執行があったということは、それから四日前である七月二八日には既に死刑執行書が東京拘置所に届いていたはずだ。もちろん、市原も永山もまだ執行が決まっていることを知らない。永山にはその前三年六か月接見者はいない。何しろ、接見できる者は極端に限られている。基本的に身柄引受人として認められた者と再審のための弁護士だけである。永山をたった一人で支えてきた身柄引受人は疲弊し、その交代を求めていた。

身柄引受人を誰かに代わってもらいたいときどうするか、まずは、引き受けてくれるかどうかその人に確認しなければならないが、身柄引受人以外の者への手紙の授受は許されていない。それを伝え聞いたとしても、受けるか断るかいずれにしても、これを直接返事をすることは認められていない。市原は身柄引受人から永山が身柄引受人になってくれることを希望していることを聞き、彼に自分の気持ちを伝え話し合いたかった。彼女は一度は細々と発行している通信に自分の気持を掲載して伝えようとしたが、東京拘置所はこのような通信手段を見抜き、この部分を黒塗りにしてしまった。一度は直接接見に行ったが、やはり許可されなかった。これが執行の一年前。結局、身柄引受人は、自分がいるから他の人への手紙が許されないのだと考え、執行の一月半前である六月一三日、身柄引受人を辞任してしまった。

これを知り、再び市原は接見に行ったのである。自分は引き受けることは出来ないが、元妻が引き受けてもいいと言っているということを伝えたかった。ただ、引き受けられないということを伝えに来たのだから会えないかもしれないと思っていた。

東京拘置所もびっくりしただろう。身柄引受人が不在となっていることを充分に知りながらの執行準備のさ中だったはずだ。もはや誰も会いに来る者もいないし、執行したことを伝える必要のある人もいなくなり、遺体を引き渡すべき人もいなくなったと思っていたはずだ。そこに突然、接見者があらわれたのである。

一年前に市原が接見を求めてきたとき許可しなかったように、今回も断ることは可能だったかもしれない。何しろ身柄引受人を承諾するために来たのではないのだから。しかし、東京拘置所は会わせた。ただし、話の内容は身柄引き受けに関することという限定をつけた。

三年六か月ぶりの外部の者との接見である。永山はどんなにか喜び、意識は高揚したに違いない。彼は市原にたくさんのことを話した。今書いている小説のことも。これを出版したらきっと売れるだろうことも。世界のことも、日本のことも、中国のことも。話題が広がり、うれしそうに語り続ける永山を、立ち会いの看守は決して止めない。語るにまかせ続け、そして最後、時間を告げられて接見室を出るとき、市原はその看守が軽く黙礼したのを感じる。市原は、これにふと違和感を覚える。立会が、接見者に礼を示すことはそんなにあるものではない。彼らは、話し続けたがる獄中者と接見者の間に立ちふさがり、引き離す。彼らは、ほとんど無表情・無情だ。死刑囚の接見の立ち会いは時に一般受刑者の場合とは違い、かなりの役職の者がつく。彼は既に四日後に執行があることを知っていたに違いない。
そして、市原は、彼の遺言の内容が、この日接見室で自分に語った内容にそっくりだったことに気が付く。だからこそ遺言は執行の直前に彼が言いのこしたものであるともいえる。しかし、あのとき立ち会った看守が接見室で書き取ったものであるのかもしれない。

最期の手紙

永山はまた、七月二八日、遠藤弁護士に手紙を書いている。永山は新たに身柄引受人を新谷のり子に頼もうと思い、これの依頼を遠藤弁護士に頼んだのである。以下は手紙の原文である。

「再審請求をする上での問題点を相談したいと思いますのでよろしくお願いします――新谷のり子さんは、今福祉活動に力を入れておられます。救援連絡センターか、アムネスティ日本支部に問い合わせしてくださると、連絡先が分かると思います。これから『永山則夫』に関してかなりの印税が入ると思います。これを世界の貧しい子どもたちへ活用して欲しいため、新谷さんに身柄引受人をお願いしたいのです」

彼は八月一日に執行が予定され、着々と準備が進められていることを全く知らない。弁護士に再審の準備を依頼し、新たな身柄引受人への連絡を依頼している。そして何より驚かされるのは、彼は「『永山則夫』に関係してかなりの印税が入る」ことを予言している。彼は現在執筆中の小説を何とか出版しようと思っていた。そして、その印税を世界の貧しい子どもたちのために使ってもらいたい、そのために、それをしてくれそうな市議の経験のある市原、歌手でありながら社会的活動をしている新谷に身柄引受人を引き受けてもらいたがっていたのだ。

遠藤弁護士は直ちに新谷に連絡し、新谷は突然の申し入れにとまどいながら、それでも引き受けようと決意した。しかし、この返事を永山は聞くことは出来なかった。遠藤弁護士は新谷に連絡したことと再審準備について、直ちに返事を書いた。この手紙を永山は読んでいない。手紙は八月四日、開封されないまま遠藤弁護士に返還された。

隠された日記

永山は一九六九年に逮捕されてからずっと日記をつけていた。その日記が『無知の涙』として出版されたのだが、以降も彼は大学ノートに日記を書き続けていた。一九九〇年五月死刑が確定する直前、彼は、それまでの日記を「大事に保管しておいて下さいね」と手紙を添えて、当時の身柄引受人に宅下げしている。確定後は極端に手紙の授受や宅下げなどが制限されることを知っていたのだろう。とすると、確定してからの日記は彼の手元にあったはずである。日記には日々の日常、彼の思いが書かれていたはずである。執行への不安もあったろうし、彼のゆるぎない主義・主張もあったろう。六九年から九〇年まで二〇年以上にわたってつけ続けていた日記を死刑が確定したからといって急にやめてしまうということは絶対にない。習慣になっていたであろうし、彼が特段に几帳面な性格であったことは、遺された本に必ず、読み始めた日と読了した日とが小さく裏表紙に書き込まれていること、読了した本の感想を、読書ノートに必ず数行でも書き続けていたことにもうかがえる。そんな几帳面な彼が、日記を刑が確定した日からやめてしまうなどということはあり得ない。

実は、一九九三年三月三日、永山は東京拘置所に「日誌六冊」と「読書ノート一五冊」の宅下げの許可を申請し、不許可になっている。この申請書の控えは遺品の中にあった。既にこのとき、確定してから丸三年分の日記が六冊あった。ここに永山の確定後の心情がつぶさに書かれているはずである。しかし、このとき、東京拘置所は「宅下げ」という形で日記が外部に出ていくことを許さなかった。なぜこのときも許さなかったのだろうか。ここに書かれいることに何か問題があったのか、そもそも死刑囚の生きた記録ともいうべき日記が世に出ることを嫌う理由が何かあったのだろうか。

このとき、一緒に宅下げを申請した「読書ノート一五冊」は確かに遺品の中にあった。読書ノートは一九九三年三月には一五冊だったが、その後も彼は読書を続け、最後の記載は一九九七年六月一五日、サルトル『弁証法的理性批判一　実践的総体の理論Ⅲ』（サルトル全集二八）についてであり、全二四冊になっていた。これがあるということは、このとき一緒に「日誌六冊」として宅下げを申請された日誌六冊もなければならない。もちろん、日記はそれからも引き続き書かれていたはずであり、その冊数もきっと倍近くになっていたはずである。これがないのである。

私たちは東京拘置所に弁護士会を通じて照会したが「引き渡したものが全て」との回答しか得られなかった。しかし、確実にあるはずのものがないことは「日記」だけではない。市原が永山に何とか自分の気持を伝えようと通信の中の投稿欄に掲載し、これを東京拘置所が見抜き、黒塗りにされた通信もない。永山が「黒塗りの部分はわかりませんでした」と当時の身柄引受人に書いてきたのであるから、この通信は確実に永山の手元にあったはずである。また、永山は手紙を書くとき、よくカーボン紙を使い、手紙の控えとしていた。コピーなどとれない者たちの工夫であるが、この控えがひとつもない。

八月四日、私たちが遺品を引き取りに行ったとき、東京拘置所は応接室の一角に永山の遺品をまとめていた。そして、彼らはこれが全てであると、自分たちでまとめた「遺留品目録」を作成していた。でも、これでは目録にあるものがそこにあるものであることしか確認できない。それが全てであるかどうかは、東京拘置所が永山の生前に作成し、永山自身によって確認されていた「領置品目録」によって確認されなければならない。私たちは、東京拘置所が執行後、新たに作成し、私たちに渡すべきもののリストである「遺留品目録」ではなく、彼の全所持品のリストである「領置品目録」を提出するよう求めた。しかし、東京拘置所はこの提出を拒否した。

一九九三年三月、宅下げを申請し不許可となったものが、執行されるまでの間になくなるなどということは絶対にない。

日記は明らかに東京拘置所によって隠されている。

日記の内容

なぜ、東京拘置所はこの日記を隠すのか。

ここにいったい何が書かれていたのだろうか。東京拘置所が隠さなければならない何かが書かれていたはずだ。

当初、私はこの日記に、永山への死刑の執行を不能とする何らかの事情が書かれているのではないかと想像した。法は心神喪失の状態のものには執行してはならないとしている。ということは、これを疑わしめる精神状態の何らかの痕跡が日記にあったのではないかと。しかし、読書ノート二四冊を私たちに引き渡し、そこに書かれている内容からも、また最期の接見となった市原との接見の様子、また遠藤弁護士宛の書簡からも、これはうかがえない。

二〇〇一年一二月二七日、名古屋拘置所で死刑が執行された長谷川敏彦も、日記をつけていた。彼の日記は身柄引受人に引き渡され、公開されている。執行二日前に彼はこう書いている。

「今日は三件目の被害者のご命日に当たる。取り返しの付かない、惨い事をして、貴い命を奪ったことをおわびし、最善を尽くして罪のつぐないをさせて頂くことを誓った」(二〇〇六年四月一九日付朝日新聞より)

死への心の準備はできていること、いつ迎えに来てもこれを受け入れようと、その平らかな心が記されているのである。もしかして、永山の日記にはきっと全く逆のことが書かれていたのではなかろうか。

特に、七月二八日の市原との接見後、彼は本を出版できるかもしれないという希望をもった。あれもしたいこうもできるとの希望をもった。そんな生への希望をもっている人を処刑したという事実の公表をためらったのではなかろうか。

死を受け入れ、ほとんど仏様のような気持ちになっている人間を処刑することと、あくまで生きたい——やりたいことがあると思い続けている人を処刑することのどちらが残酷かということは一概には言えない。しかし、死刑を執行する者は自分たちが生命感あふれる命を奪ったという事実を嫌う。魂は既に自分で殺させ、あと一歩肉体の死に自分たちが手を貸しさえすれば全ては終わる、そんな状態で執行できるように、確定後、着々と準備される。

しかし、永山の場合は違った。本を出版し、印税を貧しい子どもに届けたい、これを実現するために市原か新谷に身柄引受人を頼みたいと思っていた。あともう少しでそれが実現する——そんな夢や希望を持っていた。そのことが日記につづられていないわけがない。そんな、まだまだ躍動する生を自分たちがある日突然、まるでビデオテープをカットするように暴力的に切断したという事実を東京拘置所は隠したかったのではあるまいか。そして、日記そのものは渡せないが、さすがに、遺言と思われることをそこから抜いて私たちに伝えたのかもしれない。

執行直前の遺言

結局、永山が遺言をのこしたことは間違いない。それがどういう状況でのこされたのかについては不明であるが、その内容は七月二八日の、最期となった接見・手紙とも一致し、何より彼らしい内容である。

これが彼の言葉であることは疑いはないが、やはり、私はこれがいつ、どこで遺されたのか気になる。本当に執行直前の彼の言葉であるならば、「厳粛に執行された」というどの時点での彼の言葉なのか。これに私がこだわるのは、我国の死刑のあまりの密行性の故である。なぜ不意打ちの執行なのか、なぜ執行が隠されるのか（永山の場合は、それがマスコミに漏れたのは偶然なのか故意なのか、一六時間後）、なぜ身柄引受人が辞任し、新たに選任される直前の、その不在の間隙を狙うかのような執行だったのか、なぜ遺体を引き渡さなかったのか、なぜ日記を隠し続けるのか。これらに明解な答えを得るまで、私はこだわらざるをえない。

私は想像するしかない。八月一日、その朝、彼はきっと八時過ぎには、いつものように執筆を始めた。その直後、彼に「お迎え」が来る。しかし、その迎えは決して正常になされたものではない。何しろ四日前に市原と接見し、新たな身柄引受人のことについて話し合い、遠藤弁護士にも再審の依頼と新谷に身柄引き受けの依頼の連絡を頼んだばかりだ。その彼が執行だと言われ、「はい」と素直に執行官に付き従うとは考えにくい。それは東京拘置所も思ったはずだ。東京拘置所は何らかの薬品を使い、彼の気を失わせて刑場に連行した。その不意打ちに彼は絶叫したに違いない。この時間がきっと九時。ただし、執行は彼が正気に戻るのを待つ。執行は決して失神していたり、眠っている間にしてくれない。正気にさせ、自分で執行台に立たせた上で首に縄がかけられる。彼は刑場で意識が戻る。そのときには両手は捕縄されていたはずだ。きっと後ろ手だ。ペンを持たしてもらえる状況ではない。絞首台のある部屋か、あるいは、それに隣接する部屋か、ここで執行官らは説得し、彼が観念するのを待ったか。絶命は一〇時三九分、ということは、絞首台の踏み板が落とされたのは一〇時二〇分過ぎか。踏み板を落としてから立ち会いの医師・検察官が死亡を確認するまで暫くおく。このときも解縄《かいじょう》しない。死亡を確認してからも五分は解縄してはいけないことは、法で決められている。房に迎えが来てから、少なくとも一時間以上はある。教誨師は拒むと言っていたが、どうしただろう。彼が本当に遺言をのこしたとするとこの間しかない。

手は捕縄され、口頭でしか許されなかった状況の中で遺されたのか、あるいは、既に首に縄がかけられた上で、執行官に何か言いのこすことはないかと聞かれたか。遺品はどうする――これは東京拘置所が聞いておきたいことだ。印税は？　これに問われるままに答えたのかもしれない。あるいは、執行官に遺体の処理は我々に任せてくれるな、と言われ、観念した彼はただうなずく以外なかったかもしれない。それ以外は私たちが遺骨と遺品を引き取りに行くということを知ってから、東京拘置所が、永山の日記、市原との接見に立ち会った看守のメモ、遠藤弁護士への手紙からまとめたものかもしれない。

これらは全て私の想像だ。しかし、彼がまさに文字通り、命と引きかえに我々にメッセージを遺したことは間違いない。

遺言を託された者

私は職務上、遺言に立ち会い、その執行を託されることがある。遺言は自らの死を意識したものである以上、大なり小なりある種の緊張感をともなう。また、その執行は本人亡き後であるが故に、託された者の誠実性に委ねられる。

死刑囚の遺言――これが特異なことは、特に執行直前のそれは、殺される者が自分を殺す者に遺言を託すことだ。これが口頭であればなおさらである。自分の命を今まさに奪おうとしている者に自分の亡き後を託すのである。ここにどのような感情が流れたのか、これは到底私の想像力の及ぶところではない。

いかに「厳粛に」と表現されようが、人一人を殺す過程である。生血が流れ、壮絶な葛藤があり、修羅場であって当然である。それは執行される永山にとってはもちろんのこと、執行する者にとっても修羅だったはずである。そして、死刑はあまりに残虐に執行されたが、その中にあって、これに立ち会った執行官と永山との間に、何らかの人間的な交流があったと思いたい。

密室で、口頭でしかのこされなかったという遺言が、確実に私たちの手に届けられたその過程は、既に遺言の履行の一過程である。あえて言えば、この遺言は死刑の執行に手を染めた者によって我々に届けられ、そして、大きく言えば、我々もまた執行官と同じように彼を殺した側の社会に属する者なのだ。だからこそ、私は、死刑制度を自らの社会に存置している者の痛みと責任において、その遺言を重く受けとめたいと思う。

2. 事件――裁判

連続射殺魔

ならば、彼はなぜ死刑囚となり、なぜそのような遺言を遺したのだろうか。

一九六八年一〇月八日、横須賀米軍基地進入。これが事件の発端だった。一九歳の永山は、一五歳で青森から集団就職し、劣等感にさいなまされながら職業を転々とし、日々の糧を肉体労働であがなっていた。彼は侵入した基地内の留守宅で、高級将校の妻のドレッサーに入った護身用の拳銃を見つける。おもちゃかと思いつつ、そばにあった銃弾と一緒に盗んだ。

彼はこれを宝物とも思い、お守りとも思う。青森から上京し、大都会で悪戦苦闘していた孤独な少年には格好のお守りだった。彼は、これを誰にも見つからないように土を掘って埋める。時々見に来ればいいと思う。しかし、やっぱり気になる。再び掘り起こして身につける。使うつもりで持っているわけではない。ただ好きだから持っている。

事件は、時に不幸な偶然が重なる。一〇月一一日、永山は眩しくきらめくプールが見たくて、芝公園にある東京プリンスホテルの夜の庭に入り込んだ。もう帰ろうと思ったとき、ガードマンに見とがめられる。それも普段だったら見逃されていたかも知れない。しかしその日、ガードマンはホテルの仮眠室に見知らぬ男三人が寝ていたのを見つけ、逃げ出したのを追っていた。もちろん、永山ではない。しかし、それを知らないガードマンは自ずと詰問調で、その場を立ち去ろうとしていた永山を取り押さえにかかった。警備員に押さえ込まれ、このままでは拳銃を見つけられ、とられてしまう。絶対にこれだけは手放したくない。必死で抵抗し、逃げる。そして、夢中で発砲した。

彼は人一人を死なせたことを知ると、もう自分は死刑だと思い込み、死刑になる前にせめて京都を見ておきたいと京都に行く。当時京都は東京の高校生の修学旅行先だった。東京、渋谷の繁華街のフルーツパーラーで働いていたとき、彼は同世代の高校生が行くという美しい都市——京都にあこがれた。彼は死ぬ前に美しい京都だけでも見ておきたかった。宿など取れない。八坂神社で野宿しているところを警備員に見とがめられ、発砲する。一〇月一四日のことだった。

東京と京都で二人の人を死なせてから、彼は死しか考えていない。彼は海で死にたかった。生まれ故郷の網走の海に行きたい。東京に戻り、二人の人を死なせたことを兄にうち明ける。網走の海で死ぬからと旅費をせびる。兄は弟が人二人まで殺したことを知り驚愕し、また絶望し、網走までの旅費の一部を渡す。もちろん片道切符の一部でしかない。彼は逃亡者というより、自殺志願者だった。彼は何とか北海道に渡り、野宿しながら死に場所を求めてさまよう。北海道に渡ってから一週間、結局死にきれず東京に戻ろうとする。

一〇月二六日、連日の野宿と放浪で身体も心も極限状態まで疲弊しきっていた。函館でタクシーに乗る。極度の疲労から眠り込む。着く。発砲する。金を取る。

東京に戻っても、尾けられているように思う。姉のいる名古屋に行く。タクシーに乗る。運転手との何気ない会話。バレている、捕まると思いこみ、発砲。金を取る。彼はこのとき、初めて血を見る。あらためて驚愕し動揺する。

こうして永山は、一九六八年一〇月一一日から一一月五日にかけての一六日間に、東京から京都、函館、名古屋と全国を走り抜けるように、四人の人の命を奪った。かれは「連続射殺魔」として、使用した拳銃とともに全国に手配された。

しかし、彼は逮捕されず、一一月になってやっと生活を取り戻した。東京・中野に部屋を借り、ほぼ一年ぶりに畳の上で寝た。拳銃は厳重にくるんで、二〇歳の誕生日まで取りに来ないと決め、近くの寺の境内に埋めた。新宿のジャズ喫茶に勤め、一六歳の恋人もできる。もちろん事件を忘れたわけではない。忘れられるわけがない。なぜ、あんなことをしてしまったんだ。二〇歳の誕生日が近づく一九六九年四月、彼は恋人に打ち明けたいと思う。人を殺してしまったこと、死刑になること、生きていてはいけないことを。一緒に死んでくれるか、せめて一緒に自首してくれるか。しかし、一六歳の少女に、そんな重い事実を受け止められるわけはない。言えないままに彼は一人絶望し、いよいよ死を意識する。

半年間埋めたままにしてあった銃を取り出し、大好きな明治神宮の森に行く。都心で最も木のうっそうとしているところだ。そこに行くと落ち着けた。彼は近くの原宿のビルに侵入する。撃ち合って銃で撃たれて死にたいと願った。だが撃たれない。ついに自分に銃口を向けて発砲するが、どういうわけか弾が出ない。彼はぼんやりしたまま、逮捕される。

半年前、四人の人の命を奪った「連続射殺魔」は、一九歳の少年だった。これを知った人々は驚き、恐れた。

少年永山則夫

ならば、一九歳の少年が四人もの人を死に至らしめたその人生の軌跡はいったいどんなものだったのだろう。

永山は一九四九年六月、北海道網走市呼人町番外地で生まれた。八人兄弟の下から二番目。父は賭博に夢中になってほとんど家に寄りつかず、母は八人の子どもを育てながら夫の賭博の借金返済のため、朝早くから夜遅くまで内職と行商をやり、馬車馬のごとく働いていた。

まだ日本が貧しかった頃のこと、その中でも、北のはずれの子だくさんの家族、しかも稼ぎ頭の父が働かないとなると、その生活は日本の最下層、極貧と言うにふさわしい。

永山が五歳の秋、母は疲れ果て、ついに子どもらを網走に置き去りにし、青森県板柳の実家に帰った。精根尽き果てた母は、自分がいなくなれば夫が変わってくれるとでも期待したのだろうか。しかし、父もやがて行方不明となった。幼い永山は、約七か月後、近所の人々の通報で網走市の福祉事務所から栄養失調の状態で救助されるまで、網走の極寒の中、誰からの世話も受けずにくず拾いで辛うじて生きていた。それは想像を絶する厳しい条件の下での飢餓との闘いであった。このとき、母に捨てられたという記憶は長く永山の心に深い傷となってのこる。冬を越え春になって、やっと保護され、親が捜され、七か月ぶりに板柳に帰っていた母に引き取られた。

板柳で母が借りた家は、引揚者のための簡易長屋であった。六畳にも満たない部屋に背丈ほどの二階があるだけの長屋に、母と子の九人が重なるようにして寝た。学校では、夜尿をしても着換えもせずに登校したり、津軽弁がしゃべれないことや生活保護を受けていたことなどでいじめられた。彼は小学校・中学校時代を通じて、長期欠席を繰り返し、今でいう不登校児であった。

彼が網走に置き去りにされたころ蒸発した父は、一九六二年、岐阜県垂井町の路上で亡くなる。口からよだれを垂らし地面に横たわっている父の写真を、永山は中学二年の春、仏壇から偶然発見した。このときの彼の衝撃は計り知れない。彼はその後も、折に触れこの写真を思い出し、言いようのない恐怖を覚える。

一九六四年、永山は中学を卒業すると東京に集団就職した。このころ、日本は高度経済成長の過程にあり、毎年、中学卒業時期になると東北地方から東京への集団就職が恒例となっていた。彼らはこの日本の高度成長を底辺で支えた貴重な労働力であり、〝金の卵〟と評されたが、確立していた学歴社会の中で報われることは少なかった。

永山は就職当初、誰よりもまじめに働いた。ところが、周囲になじめず、からかわれるなどして溶け込めなかった。彼は劣等感と疎外感をもち、勤務約半年で退職する。そして、転職しようとしたとき、戸籍謄本に自分の出生地が「網走番外地」となっていることを知る。彼は折しも高倉健の映画「網走番外地」がヒットし、この地名が刑務所を指すことを知る。彼は網走市役所に問い合わせた。役所の人も同情し、そこは刑務所のある場所ではないという証明書を出すとまで言ってくれたが、彼はもう戸籍謄本を求められる所へは就職できないと思い込む。

彼は職を転々としながらも、夜間高校に通う。勉強したかった。しかし、仕事は身体を使うきつい仕事ばかりだ。まだまだ一五、六歳の少年に、肉体労働はつらい。

彼はたった一人の東京で、仕事にも夜間高校にも挫折し、この暗い現実から逃れようとする。自殺と密航、暗く重い現実から逃避の手段として、少年は思いつく限りの手段をとる。しかし、いずれも失敗し、発見され、連れ戻される。自殺の企てが九回、密航の企てが二回、自衛隊志願が二回、そして横須賀米軍基地侵入が三回。その三回目の侵入であった一九六八年一〇月八日、永山は女性用の美しい護身用小型拳銃に出会う。

もてあそばれた命

永山は、人一人を死なせてからずっと自殺志願者だった。逮捕時も警官に撃たれて死にたかったし、逮捕直後にもYシャツで首をくくろうとした。二四時間監視の自殺防止房で自殺がかなわないと知るや、彼は死刑による「自殺」を望んだ。法廷では一言も発言せず、早く裁判が終わることだけを求めた。

ただ彼は自分でもわからなかった。知りたかった。なぜ自分は四人もの人を殺してしまったのか、なぜあんなにも強く、人々を、社会を憎悪してしまったのか。彼は逮捕後、一時同房だった学生運動家に勧められて学習を始めた。そして、河上肇の『貧乏物語』に出会う。そして、この『貧乏物語』で自分がいかに無知であったかを知る。以降、中学をろくに出ていなかった永山は独学で猛烈に学習し、資本論を読み、社会の仕組みを知る。全ては自分の犯罪の原因の究明のためだったが、次第に彼は社会を変革することによって犯罪のない社会を目ざそうとする。

彼は、悲惨な生い立ちのかわいそうな少年が罪を犯したと同情されることを嫌った。情状酌量されるよりも死刑を求めた。一方で、自分のような人間を再び生まないように、第二の永山をつくらないためには、貧乏も無知もない社会をつくるべきだと法廷で主張した。その言葉は激しかったが、全身全霊の法廷での訴えは聞く人の心を打った。彼は生を求めていなかったにもかかわらず、多くの人が彼を救うために運動した。

しかし、永山は彼を支援する多くの人にも、特に知識人に対して厳しかった。裁判官にも、自分の弁護士に対しても同じように厳しかった。あなたたちエリー

24歳頃の永山則夫

トの存在が下層民ルンプロ（ルンペン・プロリアート）の存在をうみ、犯罪をうむ。自らの立場を否定して、階層のない社会こそつくるべきだと。こんな中、一審判決は死刑。

控訴審——我々弁護団は何とか被害者に慰謝しようとした。私は控訴審がはじまる直前に獄中結婚した妻とともに東京、函館、岐阜、京都に墓参し、遺族の方へ永山の謝罪の言葉と現在の心境を伝えた。東京の遺族には、直接会うことはできなかったが、墓参は許され、住職の方に謝罪の言葉を託した。また音信不通になっていた母を捜し、妻と共に訪ねた。永山は、五歳の冬に網走に置き去りにされたことで母を恨んでいた。なぜ母は自分を捨てたのかと。妻は献身的に遺族に慰謝の気持ちを届け、永山の母との関係を修復することに心を砕いた。永山にとって死——死刑への通過点に過ぎなかった裁判が違ったものに徐々に変わってきていた。永山が自分を捨てた母を許してこそ、またはじめて自分も許されうる存在に変わりうる。その変化を高裁裁判官は、つぶさにみたに違いない。

一九八一年八月、東京高裁船田裁判官は永山を無期に減刑した。

東京高裁は、永山の生い立ちが悲惨を極めていたこと、この幼少時の過酷さは国家の福祉政策の貧困であり、国家もまた責任の一端があること、犯行時少年だったこと、少年法は犯行時一八歳未満のものには死刑を科せないが、悲惨な生い立ちは永山の生育を遅らせ、一九

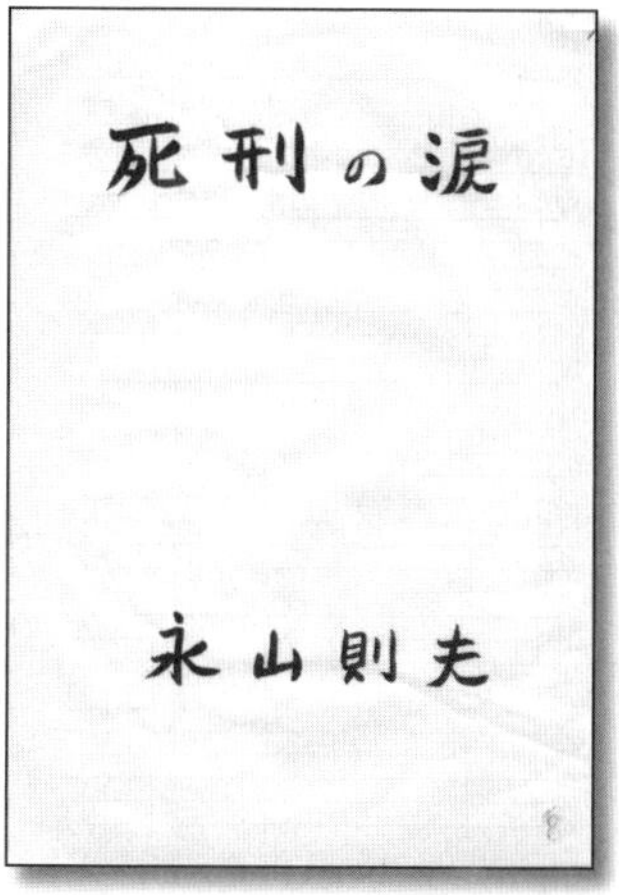

本人直筆のタイトルとイラスト

歳とはいえ、一八歳未満に相応していた可能性もあること等を理由として、無期懲役としたのである。

永山は初めて生きる希望に燃えた。獄中結婚した妻と共に生を具体的に意識した。

永山裁判が日本の裁判史上特異なことは、死刑から無期懲役に減刑されたことに対し、検察官が上告したことである。無期懲役は軽すぎ、正義に反すると――。

一九八三年七月八日、最高裁は検察官の上告を受け入れ、無期懲役を破棄し、もう一度高裁審理をやり直すよう差し戻した。裁判のやり直しである。ただし、無期懲役が軽すぎるという理由でのやり直しなのであるから、結論はもう死刑しかない。そして、再び死刑に。最高裁で確定したのは一九九〇年五月のことである。

以降、永山の無期懲役判決を破棄した最高裁判決は、死刑と無期を分ける基準判例となった。
一九歳で逮捕されてから二一年。自殺も許さず、死刑とし、更に一度は生きて償えと命じた国家が、やっぱり死ね、とは。命をこんなにまでもてあそぶことが、判決という名で許されるものなのだろうか。

3. 作家として

『無知の涙』

逮捕直後、彼は法廷ではほとんど発言しなかったし、自分の弁護士にも事実を語ろうとしなかったが、唯一、大学ノートを心の友として、彼の内心をつづり続けた。それは日記でもあり、漢字の練習帳でもあり、感情のほとばしる詩であり、なぜ人を殺してしまったのかの問いに対する、その答えを必死に探しもがく二〇歳の論文でもあった。

《私は発見した。自分の無知であった事を、そして、この発見はこの監獄での今の少しばかりの勉強の功であることもである。》

《なぜにこうなってしまったのかを一言的に表現すると、すべて、すべて、すべて、すべては、貧困生活からだと断定できる。貧困から無知が誕まれる。そして人間関係というものも破壊される――私の家庭が典型的な例証になる》

《社会主義に貧乏人はいない
生活が苦しい時　皆一緒だ
政治が危うい時　皆が耳を傾ける
誰一人その集団から逃げはしない
この日本も何時の日か　その日が　来る
そして　俺のような奴が出ない国に変る
人たちよ！
俺の叫びを無駄にしないでくれ
俺は非人に落ちたが　あなたたちは未だ人間だ
俺の叫びを無駄にしないでくれ
それとも　それとも

大学ノートに書かれていた『無知の涙』

まだ出そうとするのか　第二の俺を
悲しいではないか　人たちよ！》　（以上『無知の涙』より）

一九七一年三月、この大学ノートは『無知の涙』として出版され、ベストセラーになった。永山は本を出版するにあたり、印税をそっくりそのまま遺族に渡すことを条件とした。特に、函館の遺族に小さな子どもがいたことに激しく動揺し、母親が拒絶しても、必要とするのは遺児であることを説得して、是非とも受け取ってもらえるよう出版社に依頼した。その依頼文には、「遺児の養育費に使ってほしい。遺児がひもじい思いをしているならば、これをなるべく早く実現してほしい。北海道の冬は寒すぎるんだ」との言葉が添えられた。永山は自分の犯罪によって貧しい遺児をつくることはどうしても耐えがたかった。第二、第三の永山をつくらないこと、これがせめての償いであり、これを彼は自らの責務とした。

永山は下層の仲間たちを犯罪から解放するための具体的な道として、夜間中学、日曜学校、政治学校や非行少年のための救援組織を提唱した。そこでの一番の学習の目的は、人が人としてつながりあえること、仲間意識、類意識を育てることにあった。貧困と無知はこの仲間意識を奪う、このために人が人を殺すことにまで至る。自分のようなものをうまないために、と彼は真剣だった。

『木橋』

控訴審で無期懲役となり、生が許されると、彼はこの思いを共有する獄中結婚した妻と共に、塾をやることを夢想した。

「もし生きることが許されたならば」と、社会の最も底辺にいて、仲間に出会うことを疎外されがちになる者たちのための学校をつくること、これを被害者への慰謝と共に生涯かけてやり続けたいと願った。妻は、永山から膨大な本を預かっていた。みんな永山が逮捕されてから獄中で読んだ本だ。妻は「この本を貧しい人に貸し出すの」とうれしそうに語った。

生を許されていたこの高裁船田判決から最高裁で破棄差し戻される間の二年間は、彼が最も落ち着いた文章を書いていた時期かもしれない。永山はこの間に小説「木橋」を執筆した。永山は、小学生の頃、いまだ九歳から新聞配達をしていた。青森の寒い朝、新聞を配達しながら子どもの目から見た情景を心にしみいる文章であらわした。彼はこれで新日本文学賞を受賞した。妻は、「木橋」は永山と自分の「子ども」だと言う。それくらい生を許された者とその伴侶が、つむぎ、産み落とした感があるのだろう。

永山は死刑判決が確定した一九九〇年までに『無知の涙』『木橋』『捨て子ごっこ』等一六の著作を出版した。ほとんど読み書きも出来なかった少年が、漢字の学習から始め、新日本文学賞を受賞するまでの作家に成長した。四人もの人を殺してしまった強い改悛の情が、彼を突き動かし、書くことによって、贖罪を重ねていた。これは、そのあらわす内容、印税を遺族の方に送り続けようとしていることからも明らかであった。しかし、日本文芸家協会は、永山の入会を拒否した。死刑囚を文学者として認めるのはふさわしくないとの判断だったのだろうか。これに抗議した柄谷行人、筒井康隆、中上健次らは、協会を脱退し、この経緯を知ったドイツ作家同盟ザールラント州支部は永山を会員とした。そして、死刑執行一年前の一九九六年、ドイツ作家同盟は、アムネスティを通じて永山を恩赦するよう申請した。

遺された原稿

一九九〇年裁判確定後、彼の原稿は外で発表されることはなかった。我が国では死刑囚と外部の交流は厳しく制限されている。手紙は月二回、一回につき七枚まで。彼は確定後の一九九二年一〇月から書き始め、死刑が執行されるその朝まで、小説を書き続けていた。書いても書いても外に持ち出すことが出来なかった原稿三四三八枚が執行後、我々に遺された。身元引受人のところに出された枚数二二二枚。実は永山は生への希望を共有した妻とは、一九八六年三月、離婚していた。彼は最高裁で無期判決が破棄された後、しばらくは気落ちする妻や我々弁護団をも励ますほど気丈だった。「大丈夫、ぼくは死なないよ」と繰り返したものだが、次第に彼は混乱し、理由なく理不尽に妻や我々弁護団を責めた。彼にはもう「生きよう」「生きろ」と声をかけた者の存在を許せなくなっていたのかもしれない。妻と別れた後、彼を支える人が誰もいなくなり、それをたまたま知った一人の女性が「死刑囚が一人ぼっちはかわいそうだから」と身柄引受人を引き受け、細々と彼の外界への窓口になってくれていた。その人との関係も一九九三年頃には悪化していたのだろう。一九九四年の春以降、彼への接見は絶えていた。身柄引受人を通じてしか外に出せない原稿、その人とも疎遠になり外界との関係がほとんど遮断された中でも、彼は書き続けた。

私は、この原稿を読み続けることが出来なかった。肉体も精神すらも隔離された者が残された感性をフルに動員しようとしたときに陥ってしまう、アリ地獄のような、結論も、出口も、光も、先も、見えない世界。後に私たちは、これを小説『華』として世に出したが、小説としての評価はともかく、細部にこだわり、繰り返しの多い文章に、私は彼に科せられたその地獄の深さ暗さを見ざるを得ない。

4. 遺言の実行

永山子ども基金の設立

永山の死刑執行から一か月後の九月一日、私たちは遠藤誠弁護士を代表とする「永山子ども基金」を設立した。

死刑執行直後から遺言にもあった『華』の出版をはじめ、その他の遺作の出版や過去の著作の増刷などが出版社から持ち上がった。これらがどれほどの印税を生み出すのかは全く予測もつかなかったがとりあえず、新刊や増刷など出版社から申し出のあったことがらへの対応の窓口として、「永山子ども基金」はスタートすることになった。

「永山子ども基金」は最後の弁護人であった遠藤弁護士を代表とし、わずか数名足らずで発足したが、「会則」では「この会の会員は、心やさしき人、心貧しき人、お金のない人、うそをついたことがある人、正直者、何より生きていることに感動する心を持つ人々、そして、働く人々に涙する人、一日一日の労働に感謝する人々、あなたが資格ありと思う人等とする」と定め、誰でも自由に参加できるものとした。事実、何度も開かれた会合のたびに新たな人が参加した。

副代表の新谷のり子は、永山から身柄引受人を引きうけてもらいたいことを依頼されていた。

七月三一日に手紙を受け取った遠藤弁護士は、早速彼女に連絡を取った。新谷はあまりに唐突な依頼に驚きつつも、永山の申し入れを受け入れることにした。しかし、彼女が意思を伝えるいとまもなく翌八月一日には死刑が執行され、永山の願いは実現しなかった。身柄引受人を受けるつもりでいたその矢先に死刑が執行されてしまった新谷の驚きと悲しみは大きかった。

事務局の市原みちえも心に大きな傷を負っていた。彼女は『無知の涙』を読み感動し、何度か手紙と面会を繰り返し交流していたが、その後市議などを務め、多忙とともに交流が途絶えていた。しかし、一九九五年四月に永山が自分を身柄引受人として求めていることを知り、様々な方法で連絡をとろうと試みるが、身柄引受人でないため、面会も手紙も許可されず、二年以上かけてようやく永山との面会ができたのが一九九七年七月二八日だった。それに先立つ六月一三日には、すでにそれまでたった一人で永山を七年も支えてきた身柄引受人が辞退届を提出しており、身柄引受人不在の空白の期間での異例の面会許可だった。同時に、このときにはすでに東京拘置所は八月一日の執行の準備を進めていたはずだが、そんなことなど知る由もない二人の面会だった。

執行後、市原は悔やんだ。異例の面会許可はなぜだったのか。考えれば考えるほど自分のうかつさが腹立たしかったという。

なぜ突然の執行を許してしまったのか。この思いは、最後の弁護人として確定後も交流を続け、再審の準備にとりかかっていた遠藤弁護士、控訴審で「生きよう」と声をかけた控訴審弁護人の一人であった私も同じだった。遠藤弁護士は八月一四日、林泉寺で営まれた永山則夫の葬儀の喪主となって、「則夫ちゃん」と語りかけ心情を吐露し、また翌年八月一日には、妻けい子とともに網走沖に散骨しながら、その無念をかみしめた。

永山子ども基金は、永山の突然の死刑執行にさまざまな心の傷を負った人々で設立された。そして、その後ペルーに送金を開始し、ペルーとの関係ができることによりその関係者も加わり、更にコンサートをすることによってコンサートの実現を助けてくれた人々も加わるようになった。

なぜペルーなのか――ある新聞記事

原稿を三四三八枚も書きためていたのだから、出版できたら印税が入ることはわかっていたし、これを期待しただろう。これを彼は「日本と世界、特にペルーの貧しい子どもたちのために使うこと」と遺言した。貧しい子どもたちへとは彼らしい言葉だ。ペルーは確かに貧しい国だ。しかし、なぜペルーなのか。これは驚きであり、大きな疑問だった。貧しい国は世界のどこにでもある。特にアフリカなどでは食べるものもなく、栄養失調の子が多くいるのに、なぜ、ペルーなのか。しかも、ペルーのどこに送ったらよいのか。故人の強い遺志の込められた金だ。本当に貧しい子どもたちのために使われることが、何らかの方法で確認されるところでなければならない。

雲をつかむような話だったが、私はたまたま一九九六年にペルーを訪問した際、ストリートチルドレンのための施設を訪れていた。そこは日系カトリック神父が代表を務める施設で、一九九八年当時には、約五〇名の子どもがいた。私は早速、ここに連絡を入れ、詳しく紹介してもらった。しかし、どうも違和感があった。ここなら私が目で見、その使いみちも確認できるところとして安心ではあるが、永山は遺族に受領を拒まれた印税を孤児院に送っては、という私たち弁護人の提案に難色を示したことがある。施設に送るということに偽善の匂いを感じたのか、安直だと思ったのか、彼は「刑務所も孤児院だよ」と言った。これを思い出すと、どうもここでいいのかとの思いがぬぐえなかった。そこで私は前年ペルーに行った際も世話になった民族問題研究家の太田昌国に相談した。彼は早速現地に問い合わせをした。太田が問い合わせたのは、ペルーと日本を行き来しているカメラマンの義井豊だ。また日本でペルーの労働者をサポートしている棚原恵子にも相談した。

そして、双方から共通して名が挙がったのが一九七六年に結成されたマントック「キリスト教者の子どもである働く子ども・若者の運動」（MANTHOC）だった。

マントックは一九七〇年代からスラム街で働く子どもたちの人権を守る活動をしているカトリック系の市民団体だ。学生や主婦がボランティアとして参加し、リマやクスコなど一五の都市で働く三〇〇〇人の子どもたちの相談や健康指導などをしているという。大人に混じって働く子どもたちにはけがや病気、さらには大人から稼ぎを搾取されるなどの被害も少なくない。マントックはこうした子どもたちの人権を守るとともに、危険な重労働から解放し、安心して働けるための環境づくりをしているという。そして、ここは既に、日本の新聞で紹介されたことがあるという。

一九九七年二月二二日付朝日新聞夕刊。折からの日本大使公邸人質事件を取材していた記者によるものだった。事件が小康状態を続ける中、記者はリマ市内で事件以外の取材も行い、マントックに出会った。そこにはマントックが前年から始めた「子ども労働銀行」が紹介されていた。スイス、ベルギー、カナダなど五カ国の市民団体から寄せられた一万六〇〇〇ドルを原資として子どもたちに融資し、仕事のノウハウを教えながら子どもたちの自立を促すというものだ。記事に紹介された子どもたちはビジネスを成功させ、資金も無事返済し終えているという。朝日新聞は「頑張る小さな働き者たち」という見出しで、社会面トップでこれを報じていた。

私はこの記事を見て直感した。永山はこの記事を読んだのだ。

「自立を支援」世界から資金
頑張る小さな働き者たち
ペルーの「子ども労働銀行」
421人が食費・学費に
菓子屋・観光ガイド
北陸大、ついに「二人学長」
教授側が選挙実施
「公選制実現の手段」
人質のストレス解消へ笑顔携え
出光美術館
屏風絵展

1997年2月22日の朝日新聞夕刊社会面

永山はまさにここで紹介されていた「働く子ども」だった。九歳のころから新聞配達をし、一五歳で東京に集団就職し、それからずっと社会の最下層で働く「子ども」だった。そして、自分は、貧困と無知によって、仲間意識をもてなかった。自分のような犯罪を犯すことのないよう、子どもたちを貧困と無知から解放しなければならない、と真剣に考えていた。彼は、貧困と無知の中にいる少年や、最下層の労働者との出会いを求め続けていた。彼は、長く求めてやまなかった最下層で働き続ける若者との出会いをここに求めようとしたのではないか。

もはや、これを確かめることはできない。しかし、永山がもし、この記事を読めば、これこそが自分がやりたかったことと胸ときめかしたに違いない。彼がこの記事を見のがすはずがない、この記事が目に焼きつかないはずがない。執行五か月前の記事だ。永山が「ペルーへ」と言ったのは、執行直前なのか、あるいは、まだ四日後に執行されることが知らされていないときの最後となった接見時の言葉なのか、あるいは、私はこれがあることを確信しているが、東京拘置所がないと言って引き渡さない永山の日記のどこかに「ペルーへ」と書かれていたのか、とにかくも、彼の意識は高揚したはずだ。最下層で働く子どもたちの組織があると——そして、ペルーは彼にとって特別な国になったに違いない。

我が国の中で、この記事を最もよく理解したのは、もしかして永山かもしれない。児童労働は禁止されなければならないと考えられている中、彼は、安全で搾取されない労働の必要性を最も認識していたはずだ。私は彼の言う「貧しい子ども」が、アフリカの飢餓にあえぐ子どもでもなく、施設で大人に守られている子どもでもないことを、この記事を読んで確信した。

送金開始――歌声をそえて

一九九八年が明けたころから、私たちは、ただペルーに送金するのではなく、国内においても、永山則夫の遺志をより多くの人に伝えるべきだと考えた。普通だったら亡くなって一年後は一周忌の法要だ。無神論者だった永山に法要もないが、ただ長く会いたくても会えなかった人々との再会のためにも、できるだけ多くの人が集まれる会を持ちたいと考えた。

それならばコンサートが最もふさわしいということになり、早速、実行委員会を結成した。準備期間はわずかしかなく、強行スケジュールの中で準備は進められた。問題は出演者だ。永山の遺志を大事にしたかったので、このコンサートに印税を使うわけにはいかない。出演者は、コンサートの趣旨に賛同し、ボランティアで引き受けてくれた長谷川きよしと友川かずき、新谷のり子に決まった。ただこれだけでは余りにも永山と同じ世代の人ばかりだ。私は若い人に永山のような人がいたことを知ってもらいたかった。なかなか趣旨に賛同してくれる若手ミュージシャンはみつからなかった。やっとセミプロで活躍していた「せきずい」という全員一九歳というバンドを紹介された。私は全員一九歳ということに飛びついた。

執行後東京拘置所で、永山の遺品として一九六九年四月の逮捕時に彼が身につけていたものが返された。部屋のカギ、真鍮細工のペンダントとちょっとおしゃれな靴。あの時代、胸にペンダントをつけ、こんなおしゃれな靴を履いて、そして、新宿のジャズ喫茶で働いていた、その当時の様子を彷彿させるものだった。彼は、ほとんど夢遊病者のような一六日間の犯行後、やっと一年ぶりに部屋をもち、過酷な肉体労働ではない職にも就き、一六歳の恋人もでき、落ち着きを取り戻していたころのことだ。

きっと時代の先端を行く、チョットかっこつけたがり屋の若者――その時代に会っていたら、こんな印象だったろうか。とにかく、彼のコンサートであるからには、そんな今の若者にも出会いたかった。私は全員一九歳のバンドというだけで彼らに出演を依頼した。

コンサートは「Nから子どもたちへ――ペルーの子どもたちへ今歌声をそえて」という副題を付けて企画された。当日会場には、画家の貝原浩が素敵な題字と絵をかいてくれた。

多くの個人がボランティアスタッフとして協力し、カンパを寄せてくれた人々も少なくなかった。コンサートは約六〇〇人を集め、大成功だった。永山はまだ忘れ去られてはいな

逮捕前にジャズ喫茶で働いていたときの靴

かったのだ。

子どもたちの自主的な組織ナソップへ

コンサート開催時点で約一四〇〇万円に達していた永山子ども基金は、数回にわたって分割しながら送金を繰り返した。印税を一遍に送ることもできなかったわけではない。しかし、貨幣価値の異なる国に、ただ送ってしまえばいいというやり方は、送られた方にも混乱を持ち込む。そこで私たちは使い途についてのプランを提出してもらい、それに沿った送金方法をとることとした。

そして、その過程で当初私たちはマントックという組織に送金すると思っていたが、正しくは「ナソップ」という組織に送られ、その活動に使われるということがわかった。

マントックは前述のように、カトリック系の市民団体で、学生や主婦など約七〇名がボランティアスタッフとして子どもたちのために活動している。孤児院などの施設も提供しているが、要はカトリック信者を中心として子どもたちの自立を促すための「支援組織」といえるものだ。ナソップ（「ペルーの働く子ども・若者の全国運動」Movimento Nacional de Niños y Adolescentes Trabajadores de Perú）は対象を働く子どもたちだけではなく、全ての貧しい子どもたちに拡大し、しかも数名の大人のボランティアはいるが、ほとんど子どもたち自身が直接運営し、自分たち自身の手で仕事を生み出し、自分たちの働く環境づくりをしている組織ということだ。ナソップは、一九九六年三月に三〇の組織がネットワークして結成され、古いものでは二五年の歴史がある。三〇の組織はペルー全国を六つに分けた地域ごとに組織され、合わせて約一万三〇〇〇人が参加。二年毎に全国代表が選ばれ、活動をリードしている。六地域にそれぞれ一人ずつコラボラドーラ（協力者）という大人が子どもたちによって選ばれ、ナソップの活動をサポートしているという。

マントックの創始者はアレクサンドロ・クシアノビッチ神父で、彼は、貧しい者との共生の道を求め、マントックを創設、顧問的な立場で関わってきたのだが、さらに、子どもたち自身がより自主的に活動するための組織としてナソップを設立した。神父自身も、特にナソップについては「ほとんど子どもたちの自主性に任せている」と述べている。ナソップはストリート・チルドレンが生まれない状況を創り出すために、連帯意識と相互扶助の精神を持った「路上の労働者」として子どもたちを組織化することが眼目だという。

要するに、印税は大人の市民団体のマントックではなく、子どもたちの自主的な組織であるナソップに送られ、ここで使われるというのだ。

正直、不安がないわけではなかった。「子どもたちに、こんな大金を送金してもいいものだろうか」「上手に管理、運営していけるのか」「そもそも、彼らの労働といっても児童労働である。これは日本のみならず、世界的にも規制されているはずだ。労働支援ではなく、学校に行けるようにするべきではないか」等々。

ここが永山の遺志に一番近いところであるとは誰も異論はなかったが、はたして大丈夫かとの一抹の不安が残った。

小さな働き者たち

一九九九年一月、送金先の現状を詳しく知るためにも、一度はペルーの子どもたちと出会ってみてはどうかという話が持ち上がった。そして、一九九九年八月、新谷のり子を団長として、永山の元妻も含む総勢一二人がペルーを訪れ、ナソップの子どもたちの働く現場を見、子どもたちと交流をした。

新谷たちはナソップの案内で、自分たち自身で搾取のない安全な働く場所として作り出した、あるいは見つけた働く子どもたちの現場をいくつか訪れた。

パン工場では六歳から一二、三歳の子どもたちが働いていた。工場でつくられたパンを街へ売りに行くのである。朝夕のそれぞれ一時間ほど、多い子で一日約三〇〇個、平均して約一〇〇～一五〇個程度は売れるらしい。一〇〇個売ったときの子どもの収入は三ソレス（約九〇円）だという。

教育省（日本の文部科学省）の保養施設、ワンパニ休暇村では一二歳～一七歳の子どもが草取りや水撒き、植木の手入れなど庭園の手入れをしていた。ナソップの紹介で一〇人の子どもたちがここで働いている。子どもたちは週五日、七時から一一時までの午前中仕事をし、午後学校に行く。ナソップがこの仕事に注目したのは、レンガ製造工場で働く子どもたちの実態を知ったのがきっかけだったという。リマ市郊外に大きなレンガ工場があり、そこでは父親の手伝いとして子どもも重労働に耐えている。しかし、大人でもきついこの仕事は子どもには負担が多すぎる。多くの子どもたちは、学校へ行きたくても行けなくなる。そこで、ナソップはいろいろ探し、この休暇村の仕事をみつけ、教育省と交渉し、学校に行くことを条件に確保した。

ここだけでなくナソップは行政に呼びかけて、子どもたちに仕事の場を提供するよう働きかけている。リマ市は、緑化推進運動を進めているが、公園の清掃や庭仕事などを子どもたちに出すよう交渉中だという。この交渉にあたっているメンバーは、「大地と接することは精神形成にも意義があります。また、山岳地帯から仕事を求めて都市に住む人も少なくありません。その子どもたちにとって土に関わる仕事は馴染みやすいのです」と、この仕事が子どもたちに有益であることを訴えた。

マントックの関係者が運営しているカトリック系の施設（アイデニカ孤児院やフランコ・マセドの家）も訪問することができた。ここは六歳から一二、三歳までの子どもたちが利用している。こうした施設では六～七歳の年少者はクリスマスカードやグリーティングカードなどを作り、年長者は靴職人から靴の作り方などを教わったりしている。カードは街でも販売するが、マクドナルドや大手スーパーが買い取ってくれたりもする。地域の行政からの委託を受けることもあるという。企業や行政が少しずつ協力し始めている、ということなのだろう。こうした施設も決して食事や寝る場所を提供するだけではなく、自立を支援するために、仕事をつくり、技術を身につけるための工夫がされていた。

新谷たちはまた、子どもたちが働いているリマ市内の花屋や、ペルーの中でも最悪な条件だといわれるレンガ工場で働く子どもたちが多いワチパ小学校を訪れた。ワチパ小学校は新谷たちが訪ねる三週間前の洪水で、校舎が跡形もなく流されプレハブの仮校舎であった。仮校舎を建てるときの整地作業などには子どもたちが全員参加したという。

彼らは、自分たちが働きながら学んでいるということをどのように思っているのだろうか。ナソップに集い、働いている子どもたちの声である。

「仲間と問題解決のための意見交換ができる」（九歳）、「知識が得られ友達もできる」（九歳）、「親の存在や子どもの歴史を知ることができる」（一一歳）、「歌や踊りなど楽しいことが覚えられる」（八歳）、「一人ではできないことでも、みんなと力を合わせればできるようになる」（一〇歳）、「少しずつ金をためて、話し合いのできる集会所をつくりたい」（一二歳）……。

現在、ペルーには六歳から一七歳までの働く子どもたちが約二〇〇万人もいるといわれている。そうした子どもの中には、支援者はもちろん親もなく不当に少ない賃金で働かされたり、大人に拘束されて搾取されている子どもも少なくない。学校に行けない子どもや、仕事すら見つけられない子どもは限りなくいる。ナソップはそうした子どもたちの組織化を積極的に進め、リマ市だけでなく、いくつかの都市に拠点を広げつつあるという。

要するに、子どもたちの人権を守り、重労働や危険な労働から解放し、よりよい労働条件を提供しようというのが、ナソップの大きな活動だ。彼らは、明確に「働く権利」をかかげている。子どもにも働くことを権利として認めろと主張しているのだ。私たちが初めてナソップのことを知ったときに感じたように、これは日本人の感覚からすればなかなか理解しがたい点があるかも知れない。子どもたちが働かなくてもすむ社会をつくる方が重要ではないか、と考える方が自然だからである。しかし、ペルーではそれは必ずしも現実的ではなかった。とにかく貧しいのだ。子どもたちは家計を支えるために、また学費や通学のためのバス代を稼ぐために、さらには仕事のない親や弟妹の生活を支えるためにと、さまざまな理由でとにかく働かなくては生きてはいけないのだ。もちろん、親のない子ども、貧しさからくる家庭崩壊で親に捨てられる子どもも少なくない。そうした子どもたちにとっては、働くことはまさに生きるための糧を得ることであり、大人と何ら変わるものではない。その意味では、子どもたちによりよい働き口を提供することの方が、子どもたちのためには現実的な解決策なのだ。

おそらく永山は、直接彼らに会わなくても、的確にペルーの子どもの実態を感じ取ったに違いない。

大きな反響と関心

ところで、なぜ永山は新谷に印税を託したのだろうか。「ペルーへ」も驚きだったが、「新谷さんに」も意外である。彼は、新谷が、マザーテレサと共に世界の貧しい子どもたちのために運動をしていることを知っていた。しかし、死刑確定前にたった一度手紙をもらい、そして彼女がいくら世界の貧しい子どものためのボランティア活動をしていることを知ったからといって、やはり、なぜ彼女に?という疑問は湧く。永山は、不思議に勘のいい人だった。そんな疑問はこのペルーへの新谷の旅で消し飛んでしまった。彼女でなければならなかったと思えるほど、彼女が最も適任だった。新谷は、かってマザーテレサと共に飢えにあえぐ子どもたちを抱きしめたように、また、神の加護を信じつつ社会や人々がなすべきことを知るものとして、また、子ども自身の瞳に生きる力を見出すことのできるものとして、彼らを全身で受けとめた。

働く子どもたちとの交流コンサートでは、ナソップの呼びかけで、リマ以外の地からも働く子どもたちのグループが多数参加し、歌や踊り、寸劇などが披露された。学校の体育館を借りてのコンサートは立錐の余地もないほど子どもたちで埋まった。新谷も日本の歌を披露し、フィナーレでは会場の子どもたちとともに踊り、コンサートは大成功だった。

この様子はペルーの新聞に大きく取り上げられた。死刑囚が執行後に自分の著作の印税を働く子どもたちに送ったのである。日本ではニュースにもならなかったが、ペルーでは衝撃的なこととして大きな関心を集めた。

学習の場の設立・運営

ナソップから当初示された事業計画は、第一に安全かつ軽易な仕事を提供することを目的としたもの、第二に、奨学金のための基金など働きながらも勉強できることができるように支援するものであった。しかし、予想以上に送金することが出来たので、働く子どもたちが集まり、勉学、労働、レクリエーションのためのスペースとして「ナソップの家」を購入し、さらにINFANT（インファント）という、働く子どもたちのための職業訓練などの教育機関の設立・運営に使われることになった。

そして、このインファントにはナガヤマの名が付けられた。これは決して私たちが求めたことではない。正直、私個人とするとペルーに永山の名が残り、新谷たちのペルー訪問の際にはインファント・ナガヤマ事務所に永山の遺影が飾られていたという話を聞き、困惑した。確かにペルーに行くと孤児院などには、寄付者の名前や写真が飾られていることが多いので不思議ではないかもしれ

ペルーの子どもたちとの交流会

ないが、ただ永山は日本であまりに有名になりすぎた。私は、東京高裁で一度は無期判決を得た後、検事上告されて再び死刑になる過程で、何とか彼をそっと無名のものとして生かしてやってくれないかと願った。彼はあまりに有名になりすぎた故に、その生が許されなかったと思わざるを得ないほど、彼への無期判決にマスコミは冷たかった。それを思い出し、一瞬たじろぐ気持ちはあったが、しかし既に彼は処刑されている。死者が「生きる」ためには、忘れられないことしかないのだから、これは自然な流れなのであろう。

実際、インファントに永山の名を付すことは、ナソップの子どもからの発意であった。私たちは送金を、ペルーと日本を行き来している写真家義井豊に一任し、彼がその都度手渡ししていたのであるが、その折りに彼は、永山の生涯を話してくれていた。子どもたちは、義井の話しに大きな感銘を受け、従来からその必要性が指摘され、永山の支援で起ち上げることができた彼ら独自の教育機関に彼の名を付けたい、との提案があったのだという。子どもたちはこんなふうに言ったという。

「だれも永山則夫の精神を監獄に閉じ込めることはできなかった。彼は監獄の中にいて闘って学んだ。わたしたちも彼に学び、自分を高めてゆきたい。彼を記念して、この学校に永山則夫の名前を付けたい」と。

ともあれ、永山の印税は、ペルーの働く子どもたちの自主的組織に送られ、永山が求め続けた仲間意識——連帯意識を育てるための学習の場が現実のものとなったのだ。

5. 出会いとひろがり

死刑囚と子どもたちの出会い

一九九九年八月新谷たちが、永山の印税の残り約五〇〇万円あまりを直接ナソップに手渡し、一一月二七日には「永山子ども基金」としての対外的な報告会も開催し、子ども基金としてのペルーへの送金は終わろうとしていた。

その折りの二〇〇〇年五月、ナソップから、全国代表の一人でもあるパトリシアが来日することになった。ナソップの生みの親のクシアノビッチ神父が、日本で開催される「子どものための世界の宗教者会議」に参加するために日本を訪れることとなり、パトリシアをともなってきたのだった。パトリシアとは前年新谷たちがペルーを訪れた際、交流を深め、私たちにとっては懐かしい再会であった。

私たちは、この機会に多くの人にペルーの現状や永山の印税の行方などについて知ってもらおうと、「Nから子どもたちへ――ペルーの子どもたちは今」という集会を計画した。

五月一九日、会場となった早稲田奉仕園小ホールには私たちの予想を超えた多くの人々が集まった。一八歳の誕生日を日本で迎えたパトリシアは、持参したビデオで自分たちの活動を紹介しながら、「ペルーには、一ソル（約四〇円）を稼ぐのに売春する子どもがいる。罪を犯さざるを得ない社会要因があるのです」と語り始めた。静まりかえった会場にパトリシアの声が響く。ペルーの子どもの現状を初めて耳にする人も多かったに違いない。日本では想像すらできない話の連続に、時おり会場からため息が漏れてくる。「私たちは働くことは嫌いじゃない。大人たちの不当な搾取に反対している。むしろ、児童労働を禁止するＩＬＯ国際条約に反対している。私たちは、自分と家族が生きていくために働く、自分たちにも一人の人間としての人権がある」と訴えた。貧困に立ち向かうと共に、人としての尊厳をかけた活動ぶりが熱っぽく語られ、会場からは激励とともに質問が相次いだ。

そして最後に「ナソップに集う多くの子どもたちがノリオナガヤマに励まされている。ナソップに送られた印税は『自分のように貧困に押しつぶされずに生き抜いてほしい』というノリオナガヤマの気持ちが込められたもの。その願いを私たちはしっかりと受け止めている」と、永山への感謝の気持ちを表した。

また、クシアノビッチ神父からも、「子どもたちにナガヤマの人生と処刑された事実を語るたびに、誰もが涙を流す。殺人犯が自分の罪を悔いて、獄中で独学で学び、社会に貢献する人間に変わった例として、希望を与えている」と述べられた。

このとき永山の死刑執行からすでに三年が過ぎようとしていた。印税という形で届けられた彼の遺志が地球の反対側で、貧しい子どもたちを励まし彼らに希望を与えていることが彼らの言葉で日本に伝えられたのだ。

この彼らの永山への気持ちは、それから二年後の二〇〇二年一二月、後に述べる東京シューレの若者を中心とした人々が、ナソップの若者四人（一三歳から一八歳）を招聘したときにより明らかになった。彼らは、集会で率直に永山への感謝の気持ちを表した。

2000年、来日時のパトリシア

その後の会場との質疑は印象的である。会場から「少し意地悪な質問」と前置きされながら「永山の犯した罪についてどう思っているのか、特に突然愛する人を奪われた人たちは永山を許していない。これについてどう思うか」と質問された。これについての彼らの回答である。

一七歳のエリザベスは静かに語り始めた。「わたしも永山さんはたしかに罪を犯したと思います。でも罪を犯したとき、彼はどのような結果になるか、そのことに思いは至らなかったと思います。彼は小さな時から、わたしたちが運動のなかでしているように、いっしょに考えてくれる人、いっしょに学べる場を持っていなかったのではないでしょうか。もし彼が罪を犯した時期に、わたしたちのような運動と出会っていたら、意識をつちかい、明確な目標を持っていたら、おそらく罪を犯していなかったのではないかと思います。ナソップでは、三歳、四歳、五歳という年齢の子どもたちがお互いの話を聞くのですね、意識化ということをしているのです。生活しているその現状、状況の分析のために、みんなで集まって言葉にして、話し合って、これは正しいとか、これは良くないとか、そんなふうに話し合うのです。私たちのような運動体に出会っていて意識化が図られていたら、彼は罪を犯していなかったのではないでしょうか。おそらくそのとき結果とか、どういうことが生じるか、そんなことは考えもしなかったと思います。」

そして、これに一八歳のニミアが補足した。

「付け加えますと、この罪は永山さんだけの罪ではありません。これは日本社会全体が責任を負っています。社会がわたしたちを作り上げているのです。社会が形成しているのです。永山則夫さんの罪だけではなく、日本という社会の構造のなかで生じたことであって、社会の責任でもあると思います。」

これ以上の弁護はない。そしてこれこそは永山を生かすために無期とした東京高裁船田判決の理由と同旨である。

彼らは永山が幼年期から経験した貧困をリアルタイムで生きている。それは、今、豊かになった我が国で想像するよりもより現実的に犯罪と隣り合わせの生であるに違いない。彼らは私たちが永山を理解するよりも、より深く、より身近な存在として感じ、とらえたのだ。私は彼らが彼らの言葉で「永山が自分たちのような仲間と出会うことができていれば――」と永山を擁護しようとしたとき、永山は死してなお、仲間と出会え、そして私は彼の遺言が最もふさわしいところに届いたと、安堵とともに確信した。

南と北の子どもの出会い

二〇〇〇年の来日の際、パトリシアは東京、王子にあるフリースクール東京シューレを訪問した。これが、ナソップと東京シューレの子どもたちが交流をはじめるきっかけとなったのである。

正直、私は一八歳のパトリシアが日本で同世代の子どもたちとの交流を求めたとき、とまどった。いったい彼女をどこに案内すればいいのだろうか、彼女の訴えに耳を傾けてくれる高校生——一八歳くらいの人はどこにいるのだろうか。また日本の若者がおかれている状況はペルーのそれとはあまりに違う。会っても話が噛み合わないのではないのではなかろうか。

東京シューレに決まったのは、たまたま太田の息子がそこに通っていたことがあるという誠に便宜的な理由からだった。それでもなお、私には不安が残った。ペルーの子どもたちは、貧困故に学校に行きたくても行けない子どもたち、東京シューレの子は行けるのに「行かない」、少なくとも経済的理由から行けないのではない。この全く異なる状況にいる子どもたちは、お互いを理解し合えるだろうか。

これは全くの杞憂に終わった。彼らは会ったその瞬間から全ての垣根を超え、うちとけ、まるで古くからの友人のようだった。彼らはお互いの立場を理解し合い、私たち大人が言葉の壁を感じつつ、文化の違いを意識し、加えて経済格差を理解した上で、彼らの話を真摯に聞きたいと思ったことをまさに実感のレベルで共有してしまったようだった。確かに日本は豊かになった。永山が少年期を過ごしたような、またペルーの少年たちが今置かれているような状況は今の日本にはない。

しかし、はたしてこの物質的経済的豊かさは、本質的な意味で私たちを豊かにしたのだろうか。逆により精神は、貧困になってはいないか。これを敏感に感じ、あえぎ、抵抗している子どもたち――東京シューレの若者とペルーの若者は自分たちに立ちふさがる「貧困」を共通のものとして理解したのではなかろうか。

彼らは、私たちよりずっと精力的だった。まず、東京シューレのメンバーが二〇〇一年秋、ペルーを訪れ、ここで自分たちの目で見聞きし交流した。それは、極限状態によってなお、自己の尊厳を獲得するための子どもたちの自主的な活動として、日本の若者を大いに刺激したに違いない。

彼らは、二〇〇二年一二月には、今度はナソップの子どもたちを日本に招聘した。招聘に応えてくれたナソップからのメンバーは、いずれも全国代表の四人（一三歳から一八歳）とインファント代表のコラボラドーラ（協力者）一人の計五人。彼らはまず千葉で開催された「子どもの権利フォーラム二〇〇二.in千葉」に参加した。「子どもの権利フォーラム」は、子どもの権利に取り組んでいる全国の団体が集まり、毎年各地持ち回りで開催され、二〇〇二年は千葉だった。千葉県の後援を得、堂本知事を迎えての集会で、彼らは、遠いペルーでの経済格差の格段とある「南」の子どもたちとして、具体的に自分たちの活動を日本の若者に紹介した。さらに、国際子ども権利センター主催「今こそ、子どもとエンパワメント」、東京シューレ主催の「子どもたちが社会を変える」、私たち永山子ども基金が主催した「南と北の子どもが出会うとき」と、連日疲れも見せずに参加した。そしてこれらの集会での彼らの主張は明確でかつ力強く説得力があった。

彼らは自分たちが求めている「子どもの権利」について、以下のように説明した。まず最も大事にしていることは「働く権利」――子どもには搾取のない環境で働く権利があり、働く権利を認められてはじめて尊厳をもって働くことが可能になること。第二に、「組織化」――自分たちの権利を守っていくためには、組織化されていなければならないこと。彼らはこれを生きていくことのクオリティを高めるために取り組んでいるという。第三に「健康」――安心して働くことが出来るように健康保険の制度を求めていること。第四に「リクリエーション」――自分たちは労働者だが、同時に遊び、かつ学ぶという考えをもっているということ。第五に「教育」――権利について学び、働きながら学べる学校を作り維持すること。これらの柱をかかげ、子どもの権利を実現する実践に取り組んでいることが報告された。そして、これらのひとつひとつ、特に「教育」については、永山子ども基金の支援で設立されたインファントが、仕事をしながら学べる独自の教育機関として、子どもたちを支援していることが報告された。

また、子ども自身が主体であり、主役であることも強調された。これが、もっともナソップの活動を特徴づけているものであるが、「子ども主役主義」とでも訳される「プロダゴニスモ」という思想・思考方法である。

従来子どもは、一人の人間として人格の尊厳を認められるのではなく、未熟で判断がつかず、大人が保護・指導する存在として位置付けられてきた。しかし、ナソップでは、大人と子どもは「共に」世界を変えていく主体であり、何より子ども自身の人生の主役はその子ども自身であると強く認識されている。ここに関わる大人は「指導者」ではなく、あくまで「協力者――コラボラドーラ／コラボラドール」である。彼らは、働く子どもの権利を第一に主張しているが、今やそれだけではなく、全ての子どもにとっての「プロタゴニスモ」（子ども主役主義）を主張し、世界の子どもがおかれている状況を共有し、権利を実現する運動に参加していきたいと述べた。

これがいかに東京シューレをはじめ、わが国の子どもたちに衝撃と感銘を与えたかは言うまでもない。

これはさすがの永山も全く予想していなかったに違いない。永山も私たち大人も想像できなかった子ども同士の出会いが東京シューレの不登校の子どもたちによってはじまり、日本の子どもたちへと広がったのである。

在日ペルー人労働者との連帯

二〇〇〇年五月、パトリシアが東京シューレを訪れ、日本の若者と交流したとき、ナソップの産みの親のクシアノビッチは、川崎に多く居住している在日ペルー労働者たちと意見交換をしていた。

神奈川県シティユニオンは組合員全体の三八％をペルー人が占めている。彼らの多くは、日本が中小企業の人手不足を補うために外国人就労を日系人に限って認めた一九九〇年、ペルーの経済危機から逃れるように日本に仕事を求めてやって来た。来日当初は、短期間猛烈に働き、お金を貯めてなるべく早く帰国して安定した生活を築くことが、彼らの共通した素朴な夢だったのだろう。しかし、本国の政治、経済情勢の不安定さもあり、ほとんどの人々が帰国をあきらめ、工場近辺に生活基盤を整え、家族を呼び寄せ、地域に定住していた。

クシアノビッチは、そんな状況にある彼らと意見交換したのだ。

その後、二〇〇一年二月、東芝深谷工場でペルーの労働者全員が解雇された。これの支援を求められた神奈川シティユニオンは、外国人労働者の権利を主張し、不当解雇に対する抗議行動を起こし、四か月間闘い続けた。結果、会社は不当な扱いを全面是正し、解雇手当と謝罪金を支払うことになったのである。そして、彼らはこの謝罪金を自分たちだけで分けずに、その一部を本国の働く子どもたち――ナソップを支援する「基金」とすることとした。謝罪金の額が決して多かったわけではない。自分たちが職を失うこととの引き替えに得た金員なのだから、本来なら一円でも多く自分たちの手元に残したかったと思う。しかし、彼らは本国で貧困にあえぐ子どもたちに少しでも役に立つことを快く選択した。しかも謝罪金の五〇パーセント以上を拠出した。貧しい者からのより困難な立場にある者への利益の還元は、その額以上の意味をもつ。彼らの場合は五〇〇万円の内三〇〇万円を本国の貧しい子どもたちへ送金する基金としたことは、驚くべきことである。彼らは二〇〇一年一一月三日、「ペルー働く青少年基金――ナソップ基金」を設立し、以降、一定額を送金し続けている。彼らは、また、ペルーに送金するだけではなく、在日日系ペルー労働者とペルーの働く子どもたちの交流を通じて、日本とペルーを草の根でつないでいこうとしている。

実は、私が、このことを知ったのは、二〇〇二年一二月、東京シューレがナソップのメンバーを日本に招聘したときだった。彼らは、日本の子どもたちと子どもの権利と自立について語りあい、交流を深める合間に、在日ペルー労働者らの権利を擁護するためのデモに参加した。その日は、一二月の東京に珍しく雪が降った日だった。雪など見たことのない子どもたちが、雪の中を労働者とともに元気にデモ行進し、引き続きぬれた長靴のまま私たちの集会に駆け付けたのだ。そして、彼らは日本にも、貧困の問題があることを驚きとともに指摘した。

一三歳のリサンドロの発言である。「日本という国について、わたしたちは経済的に発展し、安定していて、大人たちは、たとえばペルーで抱えているような問題で苦しむことはないのだろうと思っていました。しかし、今日労働者のデモに参加して、労働者が資本の職権乱用に苦しんでいること、特に外国人労働者が、ペルーやその他の南の国と同じような問題で苦しんでいることを知りました。そして日本にも貧困の問題があることは永山さんがひとつの典型的な例です。幼い頃貧しく、貧しさをなんとかするためにたとえわずかであっても稼ぐために都会に働きにでた。そして、どういったらいいのだろうか、どうにもならない貧しさのなかで、簡単な方法、簡単に金を得る方法に走った。盗みをし、罪を犯してしまった」

現在、我国において、最も底辺にいるであろう外国人労働者の置かれている状況を一三歳の少年は見抜き、そして一九六〇年代の日本における永山を想起し、彼の犯罪の原因にまで思いをつなげたのである。

生前、自らをルンペン・プロリアートと位置付け、最底辺の労働者と仲間意識を共有し、連帯することを求め続けていた永山は、ペルーの働く子どもを通して、わが国国内の底辺労働者に、地球を一周するかの如くして、やっと出会えたのだ。この国境と時空を超えた彼らの出会いと理解は、私には奇跡的と思えるほど大きな財産である。

6. 加害者にも被害者にもさせないために

死刑執行後の印税総額は二〇〇五年一〇月現在で一五〇〇〇万円を超えた。そのほとんどがナソップに送られ、今や、永山子ども基金にほとんど残金はない。

二〇〇二年五月六日、国際労働機関（ＩＬＯ）は世界の児童労働に関する初めての報告書を発表した。これによると、世界の一八歳未満人口の六分の一に相当する約二億四六〇〇万人が「肉体的・精神的に児童の育成に害を及ぼす」として国際条約で禁止された労働に従事している。報告書によると業種は七割が農林水産業で、その他製造業、サービス業、家事、運送業、建築業となっている。また約八四〇万人が奴隷・強制労働、売春、ポルノ産業などの労働を課されているという。

永山の遺言は、こんな悲惨な世界にあって、ほんの一滴の涙のしずくでしかない。でも、私たちは決して忘れない。死刑囚がその執行の直前に世界の貧しい子どもの困難を思いやったという事実を。執行と引きかえという悲しくも悔しい結果をともなっていたが、死刑囚の印税が貧しい子どもに希望を与えたことを。

遠藤弁護士は、二〇〇〇年五月、パトリシアが来日した際の集会で最後に挨拶に立ち、こう締めくくった。

「我が国には、金の切れ目は縁の切れ目という言葉があります。永山子ども基金が底をついたとき、ナソップの子どもたちとの、この奇特な縁も切れるやもしれません。これを切らさぬよう、どうか皆様方の御喜捨をもって末永く、この縁を深めさせていただくようお願いします。」

仏教者らしく、かつユーモアいっぱいの代表挨拶に会場はおおいに湧いた。

その遠藤弁護士も二〇〇二年一月に亡くなられた。永山の印税は、刑の執行というセンセーショナルな売り出しによって多額であっただけで、この数年はほとんどない。にもかかわらず、世界は益々貧富の差を拡大し、状況は悪くなる一方である。国内的にみても、貧困や格差が拡大していることは歴然としている。

この中でナソップもまた苦境に立たされている。それは、世界的なグローバル化によるペルー経済の破綻的状況に加えて、皮肉なことに児童労働を禁止するＩＬＯ条約をペルーが批准したことにもよっている。

ＩＬＯは、ペルー政府に児童労働の禁止年齢を一二歳から一五歳まで引き上げることを求め、これはナソップらの反対にもかかわらず、批准されてしまった。しかもＩＬＯは、働く子どもたちが、自分たちで組織化を図っていることを公然と批判し、このため今までナソップを支援していたヨーロッパの団体が支援を打ち切ってきたのである。さらに、せっかく彼らが切り開いた行政からの軽易で安全な労働が打ち切られたりと、組織運営上も大きな財政的困難に立ち至っている。

そしてこれらの状況は、子どもたち一人ひとりの人生の選択を限りなく小さくし、益々修学、進学のチャンスを経済的理由によって奪っている。私たちはこの相次ぐ報告を受け、もはや、印税収入を待つばかりでなく、自ら資金を集めようと、永山の命日にあわせ、二〇〇四年七月再びチャリティコンサートを企画した。目標額は五〇万円。五〇万円送金できれば、大学・専門学校でも一〇人、それ以前だったらもっと多くの子どもたちの就学、進学が可能となるというこの経済格差を逆手に取り、せめて五〇万円を毎年奨学金として送金することを目標にチャリティコンサートを開くことにしたのである。

二〇〇四年、二〇〇五年、出演者の理解も得、アムネスティジャパンの協力もあり、会場でのカンパ、ペルーやフェアトレードの販売収入などを合わせて、五〇万円を送金することが出来た。そのコンサートも今年二〇〇六年で三回目。いつまでできるかわからない。でも、彼らを支えているのは私たち永山子ども基金だけではない。東京シューレの若者たち、在日ペルー労働者ら外国人労働者たち、アムネスティインターナショナルなどの死刑廃止を求める人たちと、少しずつではあるが、趣旨に賛同してくれる人も増えている。

私たち子ども基金はこれからも、印税収入がある限り、あるいは志のある方がおられる限り、チャリティコンサートの収益がある限り、死刑囚永山則夫の遺言を世界の貧しい子ども、特にペルーの子どもに届け続けていきたいと思う。それは、世界の片隅で犯罪と隣り合わせの生を生きている子どもらを、加害者にも被害者にもさせないための、ほんのささやかな、しかし確実な実践である。そして、永山、少年、死刑、ペルー、貧困など、様々な問題を通じて、一人でも多くの人々とそれぞれの場所で出会うことが出来たら、これ以上の喜びはない。

（文中全ての人の敬称を略させていただきました）

注　二〇〇六年六月「刑事施設及び受刑者の処遇に関する法律」が改正され、死刑確定囚の面会等外部交通は、親族、重要用務処理者、心情の安定に資すると認められる者については権利性を認め、それ以外の者でも、規律及び秩序を害する結果を生ずるおそれがないときには可能となった。

第2章

東京シューレ ナソップ訪問記

ペルー・ナソップ訪問の日程

2001年9月29日
出国、ペルー到着（23時間飛行）、
ナソップ事務所に宿泊

9月30日
市内の公園でナソップのワークショップに参加

10月1日
緑地整備の仕事を見学、
マントック・ヘネラシオン訪問

10月2日
ウワチパのレンガ生産地域へ
（公立小学校、煉瓦造りなど）
ナソップと東京シューレの交流

10月3日
早朝リマ空港発、クスコへ。
コメドール・エリム、コスコマキ訪問

10月4日
世界遺産マチュピチュ見学

10月5日
早朝クスコ発、リマへ
ジョバンナの家訪問、インタビュー
深夜バスでワンカーヨへ

10月6日
早朝、ワンカーヨ着。
ナソップ地域会議参加

10月7日
地域会議に参加　深夜バスでリマへ

10月8日
リサンドロ、パトリシアの家訪問など

10月9日
マントックの学校訪問、
ナソップと意見交換、
深夜リマを出発

10月10日
帰国、成田着（27時間飛行）

この章は『ペルーの働く子どもたち―ある遺言の行方―』（2002年6月10日／編集発行NPO法人東京シューレ／発行協力永山子ども基金）を再編集したものです。

◎**執筆者**

須永祐慈　1979年生。小４から学校に行かなくなり、約2年半後東京シューレへ。現在は東京シューレ出版勤務。

藤田法彰　1977年生。13歳で学校に行かなくなり東京シューレに。旅行時はOB。現在、身体障害者介助の仕事につく。

太田泉生　1977年生。12歳から15歳まで東京シューレに。現在は新聞記者。

中村国生　1967年生。1992より東京シューレスタッフ。NPO事務局を担当。

奥地圭子　1941年生。1985年東京シューレ開設。現在はNPO法人東京シューレ理事長。

ナソップとは

太田泉生

リマ市内にあるナソップの本部

ナソップ（ＭＮＮＡＴＳＯＰ）は、一九九六年三月に結成されたペルーの働く子どもたちの全国ネットワークで、正式名称を「ペルーの働く子ども・若者の全国運動（Movimento Nacional de Niños y Adolescentes Trabajadores de Perú）」という。現在、全国三〇の組織から約一万二〇〇〇人の働く子どもたちが参加し、ラテンアメリカやアフリカ、アジアの運動とも連携して、働く子どもの権利のために幅広い活動を展開している。

ナソップの前身は、一九七六年に結成されたマントック（ＭＡＮＴＨＯＣ―キリスト教者の子どもである働く子ども・若者の運動）で、私たちが訪ねた二〇〇一年に二五周年をむかえた。マントックは働く子どものための食堂や学校、ワークショップ、職業訓練機関などを運営するNGOで、子どもの主体性を重視する考えをもっていた。しかし、運営には大人がたずさわる「子どものための」組織であり、「子ども自身による」組織ではなかった。そのため、子どもと若者自身が中心となった運動が必要だということで、一九九六年にナソップが結成されたという。現在は、マントックも一構成団体としてナソップに参加している。

働く子どもたちが、自分たちの置かれた状況を自らの力で変革していくこと、それがナソップの活動の目的である。ペルーの貧困の現実の中では、みんなが働かなくては生きていくことはできない。児童労働をなくすことではなく、子どもの労働への権利を認め、苛酷な搾取労働をなくしてゆくことこそが大切であると彼らは考える。働く子どもの権利を訴えるデモ行進や政治家へのはたらきかけなどを行うと同時に、ワークショップを通して働く子どもたち自身が自分たちの権利について意識を高めていくことなどが、主な活動内容だ。

運動の実践においては、「子どもたちが主体」という考え方が徹底している。組織を代表するのは、全国の仲間たちから選ばれた一六人の働く子どもたちだ。各地の組織は自分たちの中から代表者を選出し、「地域会議」に派遣する。全国は五つの地域に分けられており、各地域の会議で子どもたち自身によって「地域代表」が選出される。そして、地域代表が集まる「全国会議」で再び議論が行われ、彼らの中から最終的に一六人の「全国代表」が選出されるのである。全国代表の任期は二年で、その間、リーダーとして指示するのではなく、ナソップに参加する全ての働く子どもたちの意志を代表するものであることが強調される。現在の全国代表の年齢は一二歳から一八歳だ。

また、ナソップの関連機関として、INFANT（インファント—働く子どもと若者のための養成機関）とIFEJANT（イフェハント—働く子どもと若者のためのエデュケーター養成機関）がある。前者は働く子どもたち自身のために、後者は働く子どもたちを支援するNGO職員やエデュケーターなどのために、働く子どもの権利と現状などについて考えるワークショップを行う他、子どもたちのための職業訓練プログラムも提供している。

ナソップに参加する各NGOはそれぞれの取組みで、可能な範囲で働く子どもたちを支援するプロジェクトを実施しており、その中には先進国NGOからの経済的支援を受けているものも相当数あるものと思われる。しかしナソップ自体はそうした支援プログラムを実施することよりも、働く子どもたち自身の組織活動による意識化と行政や社会に対する働きかけを重視しているようだ。

ナソップ参加団体と行政の交渉により、リマ市では行政が道路沿いの緑地帯の維持・管理の仕事に子どもたちを雇うことになった。働きながら学校にも行けるように、勤務は午前と午後の二交代制で、半日働いて半日学校に行くかたちである。給料は高いとは言えないが、安定した仕事といえるだろう。

また、児童労働廃絶への動きについては、自分たちの生存基盤を脅かすものとして強い危機感を持っており、反対の意見を表明する行動を行っている。二〇〇一年、ペルーでは国際労働機関（ＩＬＯ）が推進する「最悪の形態の児童労働禁止条約」などが批准されたことなどを背景に、関係する国内法の整備が行われ、就労可能年齢の下限が一二歳から一五歳に引き上げられた。ナソップはこの動きに反対し、全国でデモ行進を行った他、法案の審議が行われている国会議事堂の外で抗議の意思表明を行い、国会議員とも面会して反対を訴えた（残念ながら法案は成立した）。

こうした活動のひとつひとつを、働く子どもたち自身が中心になって行っている。私たちが短い訪問の間に得た印象では、一人のリーダーがすべてを仕切るのではなく、参加する子ども一人ひとりが主体的に参加するよう常に気を配っている。彼らと話していると、みんながそれぞれはっきりと自分の考えを持ち、それを表現できることに驚かされる。恐らくは、ナソップの活動に参加することで、子どもたちは自分の置かれた状況について理解し、考え、言葉を体得していくのであろう。貧困を生み出すペルーと世界の経済システムを時に鋭く批判しつつ、ほどこしを求めるのではなく、自分たちのイニシアティブで生き抜き、世界を変えていこうという強い意志を、私たちは感じている。

全国で三〇の組織が参加するネットワークであることから、子ども中心主義の実践の内容や水準は各組織で異なったものがあるだろう。また、必ずしも全国くまなく活動を展開できているわけではないようで、全国代表の一人でクスコ市に住むビクトル・ウゴ（一七歳）は、「地域の貧困が厳しく、子どもたちは食べていくので精一杯で、組織活動について考える余裕すらない」と私たちに語っている。

限界や課題はほかにもいろいろあるだろう。しかし、一人ひとりの子どもたちがそれぞれの悩みや苦しみを抱えつつも、仲間たちと手をとりあって前に進もうとする姿には希望を感じるし、私たちと共通する点を感じる。上からの「開発」や「教育」ではない、新しい何かを生み出していると感じさせる、魅力的な運動だ。

ペルーへ

藤田法彰

リマの子どもたち。左下から2番目はリサンドロ

九月二九日一三時に、先発隊である須永祐慈、石井志昂、太田泉生、中村国生、そして藤田法彰の五人は日暮里の京成線のホームに待ち合わせた。

今回は九・一一アメリカ同時多発テロの直後で、しかもアメリカ経由の飛行機ということで、僕も少し心配したが、まさか落ちるわけがないと思い、それほど緊張せずに出発することができた。

一七時、飛行機の搭乗になり、厳しくなったというボディチェックも問題なく通り、いざ飛行機に乗り込んだ。テロの影響で人が少ないかと思いきや、ほとんど満員のまま、飛行機は飛び立った。

飛行機の中は、少し狭いけど一人一台テレビがついていて、映画もいま日本で上映している映画をやっていたりと、なかなか面白かった。食事を食べ、映画を観て、寝て、約一〇時間のフライトもあっという間に終わり、乗り換えの地アメリカ、ダラス空港に着いた。急いでリマ行きの飛行機に乗り換え、またすぐ出発だ。今度は、約八時間のフライト。この飛行機では、日本語のアナウンスも文字もなく、スペイン語と英語しか通じない。ここでようやく海外に来たんだなぁと、不安と楽しみで胸がいっぱいになった。その飛行機の中で「僕はスペイン語全然わからないよ、どうしよう」と焦り、飛行機に乗る前に買ったスペイン語会話の本を開き、必死に勉強してみたが、案の定ほとんど頭に入らず、「コモテ、ジャマス？（あなたの名前は？）」だけしか覚えることができなかった。こうして、とっても長い日本からのフライトも終わり、リマに到着した。飛行機から外に出て見ると、ペルーはこれから夏になるところだけど気温は、少し肌寒かった。

夜中〇時三〇分、リマの空港は、僕がイメージしていた暗くて、汚くて、ゴミゴミしている空港と違い、明るくて、すごくきれいな空港に驚いた。ナソップのパトリシア、ロズメリー、カルロス、リサンドロが出迎えに来てくれていて、ハグ（抱き合ってあいさつ）したり、握手してくれたり、笑顔で話しかけてくれた。出迎えのワゴン車でナソップに向かう途中、リサンドロは覚えたての日本語で「トイレどこですか？」などと話しかけてくれて、すごく楽しい感じで今回の旅行は始まった。

空港からのリマの夜の町並みは、石造りの建物と暖色の光がとてもきれいでうっとりして見ていた。しかし、その美しい景色と共に車の事故や、ケンカ、パトカーなどが何度も目に映り、やはり治安の悪い国だと思った。空港から、約一時間。夜中の一時三〇分にナソップ本部に到着。夜遅かったので、台所でコーヒーとスナックを食べ、二時頃には、僕たちのために急ピッチで増築してくれた三階の部屋で寝た。

緑地整備の仕事とリマの子ども施設

須永 祐慈

緑地整備の仕事のようす

リマ二日目の朝。僕は、「コンコン」と打ち付ける金属音で目が覚めた。近所で建物の建設をしている音である。この日は晴れ。リマの乾燥した、少しホコリっぽい独特な空気が、ここはペルーなんだなということを実感させる。

この時の僕の体調は最悪だった。この旅行の出発前から体調を崩し、胃痛に悩まされながら出国し、二四時間かけてリマに着いたときには、長時間移動や緊張も重なりあって、かなり体力も奪われていたのである。そのため、一日目はベットから起き上がれず、二日目を迎えてしまった。

みんなは、さっさと朝食をとるために身支度を始める。僕はまだ体がだるく、胃も重たかった。みんなが食事をするために三階から下へ降り始めた頃、このままではずーっと寝たきりになると思い、思い切ってみんなと朝食をとることにした。

朝は昨日と同じ、パンとハム、そしてフルーツジュースだった。僕は、胃が重たいことを、食事を作ってくれているアリシアさんに伝えた。アリシアさんは特別なスープを作ってくれた。それは、ニンニクがたっぷり入ったオニオンスープで、とても食べやすく、胃が重たい僕でも食べることができた。

食事も終わり、出発する準備をして、迎えに来ている白いワゴンへみんな乗り込む。そして、ナソップの全国代表であるカルロスの案内で、何か所か見て回ることになっている。

緑地整備の仕事

ちょっとした住宅街にある、私たちが泊まっているナソップ本部を出発。約五分ぐらい住宅街を走ると、高台になった日本でいう国道のような広い幹線道路に出た。たくさんの車が、真っ黒な排気ガスを出して走っている。その幹線道路と住宅街の間にある道路の斜面には、乾燥した土が敷いてあるわりと広い空間があった。その近くに車を止め、僕たちは降りた。あたりを見回すと、その乾燥した土の空間には、大型のダンプカーとパワーショベルが動き、土ぼこりが舞っている。その隣のスペースでは、緑色の作業着を着た人たちが、なにやら穴をところどころ掘っていた。

ここは若者が働く緑地整備の仕事場だと、案内のカルロスは言った。穴を掘っていたのは、この空間を緑地に変えるために木を植えるためである。若い男性五・六人が、作業していたが、そのうちの一人、一九歳のミゲルに話を聞いた。

ミゲルは仕事と学校を両立しており、この仕事の後も学校へ行くということである。

家族はミゲルを入れて四人家族。両親は亡くなっており、現在おばあさんと二人のきょうだいと暮らしているそうだ。一九九八年からミゲル一人で一家の財政を支えているのだという。二人のきょうだいは、勉強をしているとのことだった。

緑地整備の仕事は、役所が管理している事業ではあるが、作業しているとなりでは重機が動き、その脇にはたくさんの車がスピードを出して走っている、決して安全と言える仕事ではなかった。「勉強など、ほかのことをいろいろやるためには、この仕事は時間がとりやすいんです」とこの仕事についてミゲルは語る。本当にしっかりしているなと思えた。しかし、今抱えている悩みは、収入が少ないことだそうで、月に三〇〇ソル（日本円で約一万五〇〇〇円）ということだった。四人が生活していくには、日本より物価が安いとはいえ、厳しいのである。そのため、ほかの仕事も探してはいるが、なかなか見つからないとも言っていた。将来については、自動車工場でメカニックの仕事をやりたいということだった。

次に、ミゲルたちの横で別の仕事をしている女の子にも話を聞いた。女の子の名前はマキシミーラ、一四歳。彼女は、緑地整備の土地の斜面を、上から土の砂利を取り除く作業をやっていた。別に作業服は着ておらず、普通の服を着ていて、ショルダーバックを肩に掛けながら砂利を取り除いていて、ちょっと動きづらそうだった。

マキシミーラはこの作業の後すぐに学校へ行くという。関わっている団体はマントック。八人きょうだいで、両親を加えると一〇人の家族だそうだ。そのうち働いているのは両親と兄と彼女の四人ということだった。父親はレンガ作りの工場で働き、兄と母は農家で手伝いをしているという。彼女も、時おり農家で手伝いもするといっていた。この緑地整備の仕事は一か月目と浅かった。

彼女にも将来について聞くと、「家で弟たちが病気になったら面倒を見なくてはいけないので、医者になりたい」と言った。以前きょうだいが病気になった経験を持っているのだという。二人とも黙々と働いていたが、声をかけると快く私たちの質問に答えてくれた。毎日苦しい生活をしているこの人たちも、僕らの年代とあまり変わらないんだなと思うと、何か不思議な気分になってくる。

そうやって、話を聞いているとき、私たちが見学に来ていることを聞きつけて、わざわざ市役所から、この緑地整備の担当者が駆けつけてくださった。話を聞くと、この緑地整備は、市役所とナソップの団体とが契約を結び、ナソップに入っている子ども・若者たちを雇い入れているそうである。ナソップはこのように子どもの働く場所が得られるように運動をして、市に掛け合い、仕事を取ってくる活動もやっているのである。

しかし、交通量がとても多く、そして土ぼこりの舞うこの緑地整備の作業は、とても楽な仕事とは思えない。そこに働いている若者たちの話を聞き、一生懸命、黙々と仕事をしている姿を見て、複雑な気持ちになった。

マントックを訪ねる

続いて向かった先は、車で二〇分から三〇分ほどかかるマントックの施設のひとつである。

大通りを曲がり、なにやらいろいろな店が立ち並んでいる間に、子どもたちが集まる空間がある。まずドアを開けると、ちょっと細長い部屋があり、そこに長い机と長い椅子が、何列も並べておいてあった。その奥の方では学校の制服を着た子どもたちが、椅子に座ってにぎやかに食事をしていた。

出迎えてくれたのは、ここの責任者であるアナ・クララさんである。彼女はカトリックのシスターでもある。

ひとまずあいさつをした後、僕らもここでいっしょに昼食をとった。子どもたちといっしょに座り、まずは野菜などが入ったスープと、りんごジュースを薄めたようなちょっと甘い飲み物をカウンター越しにもらう。スープを飲み終えると、いったんそのお皿を洗面台で洗い、台所のおばさんのところへ行き、並ぶ。そこでは炊いたようなお米と、その上にホワイトソースと肉やジャガイモをいっしょに煮込んだシチューのようなものをかけ、さらにゆでジャガイモをのせてもらう。味は、日本でいうならカレーライスならぬシチューライスのようで、味もしっかりついていておいしかった。

このマントックという場所は、このように、子どもたちに食事を提供したり、子どもたちのサポートを行っている団体である。日常には子どもたちの昼食を安価で提供して、子どもたちがきちんと栄養も考えた食事ができるようにする環境を整えること。そして、もうひとつに子どもたちのグループがあり、ローソクや、広告などで作る切り絵、手作りのTシャツなどを制作し、それを販売して自分たちの生活の資金などに充てるという活動を行っていた。

実際に見せてもらうと、どの品も子どもたちがていねいに作っていることがとてもよくかり、切り絵などは、あまった広告の紙を穴あけパンチを使い、まん丸から三日月型までいろいろな形に工夫して切り取り、それを貼り付け、クリスマスの絵や夏のビーチの絵などを作り、それをポストカードにしていた。絵柄も子どもたちが独自に考えたアイディア品で、とてもたくさんの種類があった。実際に出来上がりもとてもよく、売れ行きも好調だという。販売先は、私たちのようなマントックを訪れた団体の人のほか、海外のＮＧＯなどとも提携して、定期的に販売しているという。

ものを作っている部屋へ見学に行くと、どこからともなく子どもたちが集まってきて、「これ、私が作ったの」「ぜひ買っていって」と声を掛けられた。私たちの何人かは、きれいな切り絵のポストカードや、ろうそくを買った。ここに参加している子どもたちは年齢も低く、無邪気に話しかけてくる子どもたちの明るい顔がとても印象に残った。

そうやってマントックの見学が終わり、外へ出てワゴンに乗り込もうとしたとき、ある事件が起こったことを知る。ワゴン車の前方のライト周りの部品がなくなっていたのだ。どうしたのかと運転手に聞くと「私が運転席で昼食をとっていたら、突然数人の子どもたちが車を囲み、ドアを外から抑えてきたんだ。そうした瞬間、別な子どもが前の車の部品をはぎ取って行ってしまったんだ。エンジンをかける暇もなかったよ」と話した。そして「警察に言ったら、いっしょに近所の車の部品屋で、取られたものが売られていないか探してくれると言ってくれたのだが、どうも警察もグルになっているようだ」ということだった。

マントックのような所で、生活を支えるために物を作って売る子どもたちもいれば、その外では生活費を稼ぐために、何か部品を取って店に売りさばき、お金を稼いでいる子どもたちもいる。しかし、どちらの子どもたちにとっても、生活が苦しい現状には変わりない。短い間で子どもたちの二つの状況を目の当たりにした、そのギャップに僕は驚いた。

ヘネラシオンを訪ねて

中村 国生

ヘネラシオン施設の外観

昼食を取ったマントックからリマ市内を四〇分ほど移動していく。次に行った場所は、マグダレーナ（Magdalena）地区のヘネラシオン（Casa Generacion）という団体だった。

ヘネラシオンは一三年の活動歴をもつストリートチルドレンのための宿泊兼教育施設であり、ナソップに加盟している主要な団体のひとつでもある。ヘネラシオンとはスペイン語で「世代」を意味する言葉。英語のジェネレーションにあたる。若い世代をはぐくむ意味でつけられたのだろうか。

二つの施設のうち最初に訪れたのは、マグダレーナ地区にある一四歳以上の子どもたちを対象にしたところ。六〇人が共同生活をしながら、小学校程度の教育を受けている。三階建てのオレンジ色の建物が素敵な雰囲気で、敷地内にはバスケットコートやプールもある。運営費はスウェーデンのセーブ・ザ・チルドレンが全て出している。

代表者のキチ・ハラミーヨさんの説明の第一声は印象的だった。「わたしたちは子どもの権利条約を活動の方針においています。路上で生活を余儀なくされることは大きな人権侵害です」と、極めて明解に語った。日本で、子どもの権利条約が活動の基本と明言し、子どもと生活をともにして支援する施設がどれだけあるだろうか。ペルーでも、ストリートチルドレンを「保護」し、教育や生活を「支援」する行政施設があるそうだ。しかし、政府・行政は、路上で暮らす子どもイコール犯罪者とみなし、施設では「保護」という名で社会から隔離収容し、「支援」と称して矯正指導しているのだという。日本にも児童自立支援施設（旧教護院）があり、同じだな、と僕は思った。だが、ヘネラシオンは違う。路上で家族もなく暮らすという崩壊した生活から脱し、職を得られるように、まず生活習慣を身につけること、それから最低限の教育を受けることを最大の目的にしているのだが、いつでも門をオープンにし、出入りは本人の自由でやっているのだ。だから、いつでも元のストリートに戻ることもできる。ここにいるのはあくまで子ども本人の意志なのだ。

建物の中を職員にひととおり案内してもらった。三つの部屋では、それぞれ小学校の教育を三段階のレベルに分けて授業をしていた。どのクラスも一〇代半ばから後半の子どもたちだ。ドミトリー（宿泊施設）も見せてもらった。大きく男女で部屋が分かれている。女の子の部屋では、赤ちゃんを育てている女の子もいた。もうすぐ臨月を迎えそうな大きなお腹を大事そうにさすっている子もいた。

ヘネラシオン内での授業風景

案内されながら、周りには子どもたちがどんどん増えていき、いつの間にか一〇人以上に興味と歓迎の眼差しで取り囲まれてしまった。しきりに何度も握手を求めてくる男の子や、自分で作ったプロミスリングや小物をもって「買ってくれ、買ってくれ」としつこくつきまとう子もいた。僕は、正直言ってしまうと、ただただ笑顔で返しながらかなり緊張してしまった。子どもたちの目つきや雰囲気が、明らかに「違う」子が何人もいるのである。不自然に異様にテンションの高い子もいた。職員や同行してくれたナソップの子の説明で合点がいった。路上で暮らす子どもたちの多くが、そのつらさを紛らすためにシンナーや麻薬に手を出して常習化しているのだという。家族からも見放され愛情も感じたこともなく、そのうえ、薬の売人など大人の食い物にされる構造的な現実の中で生きているのだ。

このような現状を生み出したのは、一九九〇年代以降の政府、つまりフジモリ政権がネオ・リベラリズム（新自由主義）路線をとったためだとハラミーヨさんは語る。それにより、もっとも社会的弱者である子どもと女性が犠牲になっていると。

子どもたちに今の思いを聞いてみた。

「麻薬を止めて前に戻らないようにしたい」「サッカーをしたい」「路上での生活、それが自分の世界だと思っていた。けれど、ここで生きる希望を得た」……。みな、言葉少なで力強くは語らない。一歩戻れば元のストリート、そんな危うさと常に隣り合わせで生きていることを感じさせられた。実際にストリートに逆戻りする子どもも何人もいる。しかし、支援の方法として強制的に収容することは決してしない。いかなる状況においても、子どもの意志と自己決定を尊重し、また、それによらなければ支援の本当の目的は達せられないという支援者側の姿勢に感銘を受けた。

ヘネラシオンのもうひとつの施設は、マグダレーナ地区から車で数分の距離のリマック地区にある。食堂兼ホールがひとつ、男女のドミトリーがひとつずつ、教室がひとつ、それに施設長の部屋という、こぢんまりとした平屋の建物に、一四歳未満の子どもたちが二八名暮らしている。職員は二名、それにドイツとオーストリアから来たという二人の大学生の女性がボランティアをしていた。彼女たちは半年のスケジュールで入っている。ヨーロッパ人のボランティア感覚の違いを感じた。

子どもたちのうち五名はナソップがあっせんする緑地整備の仕事をしている。また、五名の子どもが施設から学区域の小学校へ通っている。施設では不登校になる子どもたちが多いのだという。路上で暮らしていたこと、働いていることなどがいじめの対象になったり、常にサバイバルな路上生活の影響で不安が強く落ち着かない気持ちから、学校でじっと座っていることができない場合があるのだそうだ。そんなときは、施設のクラスで学ぶことができる。子どもが選べる点がいい。常に子どもが中心に考えられている様子がうかがえた。

レンガ生産地域へ

須永 祐慈

日干しされるレンガ

三日目の朝。再びリマ独特の乾いた空気を感じながら、眼が覚める。今日の天気は晴れ。リマは乾燥地域で雨もあまり降らないと言われているが、空が晴れ渡るということもなかなかないということである。晴れたのは、僕らに気を遣ってのことか。

朝食を食べに一階に降りる。ナソップに泊り込んでいる子どもたちといっしょに朝食をとる。今日もパンにハム、コーヒー、そして特製ミックスジュースだ。この食事もアリシアの作り方がうまく、すぐなじむことができた。また、ミックスジュースは日替わりでフルーツを変え、おいしく作ってくれていた。今日は、マンゴーともうひとつトロピカルフルーツが入ったミックスジュースである。

食事を終え、出発だ。いつもの白いワゴンへ乗り込む。この日は、私たちと後日訪問する、ワンカーヨという町に住むナソップ全国代表の女の子シンティア、そして昨日からいっしょのカルロスもいっしょである。

まず、リマの中心から太平洋を背に、東へ四〇分ほど車を走らせた。街中はいかにもゴチャゴチャしていて、ほこりが舞う。排気ガスもすごい。そして何より人が多いと感じる。一瞬アジアの発展途上国のイメージが浮かんでくる。

しばらくすると、三・四階建ての建物も少なくなり、レンガ造りの独特な建物もなくなってきた。やがて、舗装された道路もなくなり、デコボコになった。さらに走らせると、木があまり生えていない乾燥した大地が広がり、そこにはレンガがひとつひとつ積み上げられたいくつものまとまりがあった。そう、ここはペルーの家の建築には欠かせないレンガを生産している地域で、また地域全体が工場となっているのである。

最初に向かったのは、ナソップの全国代表でいっしょにワゴンに乗っているカルロスの実家である。彼の家は、広大なレンガ地域の端っこにまとまる集落の中のレンガ積みの家である。部屋に入ると、電気がないのか真っ暗で、レンガや屋根のすき間からわずかな日差しが射している。床はなく、土がむき出しである。ここにはカルロスの両親と祖父母、きょうだいが住んでおり、みんなから暖かく出迎えられた。おばあちゃんは、わたしたちを見てうれしそうに近づき、涙を流しながら抱き合った。私たちが入った居間の裏には、台所があり、子どもたちがまきで火をつけた釜で、なにやら料理を作っていた。

ひとまずあいさつをして、カルロスの案内で次の場所へと向かう。さらに険しいデコボコ道を五分ぐらい走ったところだろうか。少し高い塀が広がっているところに到着する。壁にはひとつだけ、小さなドアがあり、その中に入ってみると、たくさんの小さな子どもたちが遊んでいた。

そこは小学校であった。壁にある小さなドアは、小学校への入口なのだ。入ると広い校庭があり、校庭に囲まれて、プレハブの校舎が二つあった。いくつか授業中の教室を見学させてもらった後、ここの校長先生と、子どもたちに話を聞いた。

この小学校は、周りがレンガを生産する地域に囲まれている。ということは、ほとんどの家族がレンガを生産している会社から雇われていて、その子どもたちが通ってきているのである。もちろん、ほとんどの子どもたちがレンガの生産を手伝っている。

ある七歳の女の子は、小さい身体ながらも、朝から晩まで家族といっしょにレンガ作りを手伝っているという。レンガを作るというのはかなり重労働である。しかしその子は、この小学校に通ってくる以外のほとんどの時間を、家族とのレンガ作りに充てているのだという。重労働で危険ではないのかと聞くと「それは、危険です。でも、家族みんなが働かなければ、食べものを買うお金がなくなってしまう。だから、働かないといけないんです」と、生活の大変さを語ってくれた。

ここに通う子どもたちは、やはりとっても明るかった。記録のビデオやカメラを向けるだけで、興味があるのか目立ちたいのか、レンズの前にたくさん集まってくる。また、「オラ！（こんにちは）」と握手を求めてくる。しかし、子どもたちの生活はとても貧しく、ほとんどの子が働いているのだ。この小学校には、そんな子どもたちのために、朝の登校時にはちょっとしたビスケットと、清涼飲料の粉末を支給しているということだった。

しばらく、子どもたち、先生、親などの話を聞いた後、先ほど話を聞いた女の子にお願いをし、家族の働いている現場へと案内してもらうことにした。

彼女の家は、実はそんなに遠くはない。しかし、帰り道は校舎の裏側から、一人分しか歩けない細い道を歩いていく。途中には、小さな小川があった。飛び越えるには少し勇気のいる小川で、そこにはパイプが一本横たわっており、そのパイプの上を渡る。少し間違えれば、川に落ちてしまう。

しばらく歩くと、先ほど見えたレンガの山が間近に迫ってきた。道から下を見下ろすと、たくさんのレンガが敷き詰められており、日光で干されているのがわかる。なぜ見下ろすかというと、すでにレンガを作るための土を掘り起こしていて、全体的に低くなっているということである。その現場には、土を掘り返して、どこからともなく引いてきた水を混ぜ合わせ、型に押し込んでレンガの形を作る、女の子とその家族がいた。

働いていたのは小さな女の子、お父さんとお兄さん、そしていとこである。あいさつをして、下へ降りると軽い会釈をされ、再び黙々と作業に入っていった。私たちは作業の邪魔にならないよう、少しはなれたところで見学した。

この仕事で月どのくらいの稼ぎがあるのかと女の子に聞くと「私たち家族は雇われているので、レンガを一日に三〇〇〇個作ったところで、最大九〇ソル（日本円約三一五〇円）しか稼げません」と言う。

仕事の内容は、ひたすら土と水をこね、型に流し込み、それを日干しにするという作業。

またその日に干したレンガは、近くで焼き、建築用のレンガになるという。そのレンガを、土地を所有している地域の主に売却して、生計を立てているのである。この稼ぎで家族が暮らすのはとても厳しい。また、仕事の量も半端ではないという。休みは週に一度あるかないか。朝は六時には起き、七時ごろから作業に入る。その後、子どもたちは学校へ行き、それが終わるとレンガ作りを手伝うなどし、夜の八時ごろまでそれを続けるという。時には朝の三時には起き、夜遅くまで作業をすることもあるという。

レンガ地域で家族と働く女の子

具体的な作業は、土をこねて型に流し込み、レンガの形にすることは単純で簡単そうに見える。しかし、日干しレンガを持ってみると、かなり重たい。しかも水でこねた土は乾いたレンガよりもさらに重たい。それを朝から晩までやる。そして一日、一週間、一年と続けていく。過酷以上のものがそこにはある。しかも給料はかなり安い。

案内してくれた女の子は、このまま続けていくとみんな身体を壊してしまうということを言っていた。しかし、いくら心配しても働かなければお金を得ることができない。しかしもらうお金が少ないので生活も苦しく、休みもなく、満足な食事もままならない現状にある。そうすると身体を壊してしまう。そういった悪循環になっているのであった。

女の子は、案内をしているときから一度も笑顔を見せることはなかった。彼女の未来はいったいどうなるのだろうと心配せずにはいられない。

レンガ作りの現場を見学させてもらい、彼女とは別れ、引き返すことにした。ちょっと別なルートをたどり、周りを歩きながら帰ることになる。しかし、そこでも衝撃を覚えるのであった。

見学に来ているウアチパは、地域全体にレンガを作る工場や、見学した作業場などが広がっている。そのため木も少なく、砂ぼこりが舞う。さらに、その作業場のすき間を縫うように家や学校があった。帰りの道を歩いていくと、小さな集落のようなものがあり、土の壁で作られた家などが数軒あった。しかし、いかにも衛生状態が悪く、あたりに異様な匂いもたちこめる。案内してくれている人に理由を聞くと、レンガを焼いている燃料は古いタイヤを使っているからだといっていた。しかし、その匂いとは別に、まわりには濁った水たまりや、家畜のフン、ゴミはそこらじゅうに散らばり、また集められたゴミからは、鼻をもぎられるほどの悪臭がただよう。犬の死骸もあった。ここはいったいどこなのか？　希望がなく息が詰まっていく感覚、絶望した気分にさせられる空気だった。そこに人が住んでいる、そのことに胸がさらに苦しくなったのは言うまでもない。

再び、ワゴンに戻りナソップの本部へと向かう。帰りの途中、一九九六年一二月に起きた日本大使公邸占拠事件の現場近くを通り過ぎた。また、新しい日本大使公邸の前も通り過ぎた。新しい日本大使公邸は、非常に塀が高く、全体が灰色がかっている。かなりしっかりした、しかしなにか無機質なものを感じさせる建物だった。この建物の地域は、リマでもかなり中心部にある、高級住宅街の中にあった。


ナソップに帰り、昼ごはんを食べ、午後はナソップ本部で話し合いを持った。参加してくれたのは、ナソップ設立時から関わってきており、小学校の先生でもあるネリーさん、現在は大学を目指して勉強しているパトリシア、案内をしてくれたカルロス、そして全国代表のジョバンナとシンティアである。

ここで話をして、ナソップの全体的な説明と、その歴史などを聞いた。ここでは実際に一人ひとり体験してきた話なども聞け、なかなか充実したものだった。話の最後には、日本から持ってきた「モーニング娘。」のＣＤや折り紙などをおみやげに渡した。ナソップの若者たちとは交流が持てたことで、両方の活動に共感することができ、何か一体感みたいな空気に包まれたことにうれしさを感じた。

クスコのNGO

中村 国生

コメドール・エリムの子どもたち

コメドール・エリム

クスコに到着した僕らを出迎えてくれたのはナソップのクスコ代表ビクトル・ウゴ君で、彼が働いているところがコメドール・エリムだ。ここ自体はナソップとは関係していないが、路上で働く子どもたちに簡単な教育、食事とシャワーを提供する活動をしている。プロテスタントの教会が一〇か月前に設置したばかりで、職員は敬虔な信者たちがボランティアでやっている。五～一六歳が対象で、毎日約六〇人がやってくる。開室時間が午後四～八時に限られているため、食事をしにやってくる子どもが多い。

僕らが訪問したときが、ちょうど食事時。ものすごくにぎやかで、照れくさそうにはしゃぎ回る子どもたちに囲まれた。しばらくして、閉室時間になるといっせいに子どもたちは出ていってしまった。心理学を学んだという職員のマレレンさんに話を聞いた。ここには、帰る家のある子、家はあるが虐待を受けている子、全く路上で暮らしている子が来ているという。共通しているのは、みんな働いているということだ。家のない子は、市内の別のNGO施設コスコ・マキを利用している。虐待として多いのが、親がアルコール中毒などの問題があり暴力を受けているケース、おじなどからの性的虐待のケースだという。これらは子どもたちへのサポートだけでは解決が難しく、親に対するケアも必要になるため、精神科医等とも連携して活動しているとのことである。

街自体が世界遺産である観光都市クスコでは、子どもが路上で働くことを禁止する条例が制定され、警察による取締りや嫌がらせも少なくないという。しかし、マレレンさんの子どもたちに対する眼差しは温かい。「路上で暮らす子どもたちは、ときに乞食、ときに泥棒、ときにバスに飛び乗ってパフォーマンス、ときに路上で一人芝居と、臨機応変にさまざまな役を演じる有能な役者です。何も持っていなくても靴磨きの道具とか、洗車のためのホースや布とかを、仲間から一日三ソルで借り、それよりちょっと稼いで生きている。貧困の中でも生き延びていく術を自分自身で身につけているんです。子どもたちのそんな高い能力を少しでも引き伸ばしたい」と語ってくれた。世間が「困った子たち」と見るなかで、マレンさんの視線は肯定的で、子どもを尊厳ある存在と認め尊敬している。僕たちはとても共感した。

コスコ・マキ

コメドール・エリムをあとにすると、ウゴは、もうひとつぜひ連れていきたいところがあるという。標高ゼロのリマ市から飛行機で一時間足らずで一気に三四〇〇メートルを体験した僕らは、予想以上の疲労感に包まれていたし、頭痛と息苦しさで半ば朦朧《もうろう》としていた。でも、ウゴの熱心さに折れてがんばることにした。

コスコ・マキは、路上で暮らす子どもたちに、宿泊と教育を中心にした支援を行っている。通りに面したところに、ちょっとした立ち読み図書館があり、誰でも気軽に立ち寄れる。その脇の門をくぐると中庭があり、それを囲む形でロの字型の二階建てになっている。児童館のような雰囲気のレクリエーション兼図書室、ちょっとした集会もできる食堂、先着順で使えるベッドが並ぶドミトリー、医務室まである。夜一一時までに来ること、掃除をすることがルールで、一日平均三〇数名が利用している。クスコ市と提携して運営していて、水道光熱費と朝食代だけが市の予算から拠出されている。代表のイサベルさんは細身ながら貫禄のある女性だった。市からの援助は限られているため、とくに人件費の捻出が大変なのだそうだ。市と文部省に要求をしているが、コスコ・マキでの教育は正規の学校教育ではないとの理由から人件費までは出されない。海外のNGOなど、国際的な支援に頼るしかないのだそうだ。だから、夜の九時近くという非常識な時間の訪問者にも対応してくださったのだろう。

コスコ・マキでは、一九九六年にクスコ市の働く子どもたちの実態調査を実施したところ、三〇〇〇人以上が働いていることがわかったという。政府が二〇〇一年八月に児童労働を禁止するILO条約に調印したことによる影響を聞いてみたが、それは国際政治上の必要から決めたことで、本気で児童労働を禁止することはないだろうとイサベルさんは言う。最近出版された靴磨きの子どもが書いた本には、労働大臣があとがきを寄せ、働く子どもたちを祝福する言葉を記しているという。クスコ市が定めた条例も、働くこと自体を禁止したのではなく、路上で働くことを禁止したのだということだった。しかし、現実に、路上で観光絵はがきを売る子がいたり、靴磨きをしている子どもたちがいる。ときに警官が取締りと言いつつ、幼い子どもの売上を奪い取って、自分の小遣いにしてしまうこともあるそうだ。

ジョバンナの家

須永 祐慈

ジョバンナの自宅前にて

プエブロ・ホーベン（若い村）

ペルーに滞在してから六日目の朝は早かった。前日にマチュピチュから帰ってきて、あまり睡眠もとれずに六時には起床だったのである。

この日は非常にハードな日である。朝、ここクスコからリマへ行き、その晩には、ワンカーヨへ向け夜行バスに乗るのだから。さっさと身支度をして、眠たい眼をこすりながら六時半にはホテルの玄関に集合。ホテルが用意したワゴンに乗り込み、空港へと目指す。行きも早けりゃ帰りも早い。朝の晴れている時だけしか飛行機が飛べないというのもまた、クスコらしい感じもする。

空港に到着し、待ち合わせの場所で、みんなめいめいにコーヒーやら新聞やらを購入し、くつろぐ。七時ごろには飛行機が出発。八時半頃に、再びリマへと帰ってきた。戻ってきてみんながすぐ感じたのは、「空気が濃い」ということである。

空港に停まっている安全そうなタクシーを探し、二台に分乗。にぎやかな町やら、中心街やら、海のすぐそばなどを通りつつ、また、タクシーの運転士さんにも給料やフジモリ前大統領のこと、乗っている車の値段などについて聞きながらナソップ本部に到着。三日ぶりのナソップのベットにしばらく横たわり、昼まで休憩をとった。

やがて時間になり、昼食をとった後、なじみの白いワゴンへと乗り込む。午後は、ナソップの全国代表であるジョバンナと共に、ジョバンナが住んでいる地域とジョバンナの家にお邪魔することになっている。

一〇分ほど移動して、町の中心街から少し離れた、わりと住宅が多い街へと入っていき、丘のてっぺんで車を降りた。丘の上からとても広く街を見下ろすことができた。するとそこには、レンガ造りの建物やトタン屋根を組み合わせて作られたような家々が目に入ってきた。

樹木なんてものは、ほとんど見あたらない。公園も、もちろんほとんど見当たらなかった。ペルーの貧しさを丘の上から垣間見ることになった。また、ところどころに鉄筋の三・四階の建物も見つけることはできた。そこは、民間の建物ではなく、リマ市の行政の建物や小学校などが大半を占めているようである。

すぐ下を見下ろすと、下から一本の細い道があり、そこにバラックのような建物がひしめき合っている。道には小さい子どもが無邪気にボール遊びをしている様子だった。日本の第二次大戦で東京大空襲を経験している奥地さんが「まるで戦後の下町を見ているようだ」とつぶやいていたのが印象に残る。

私たちが立っている丘は、一〇数年前から住民が集まり、家を造り住むようになった元不法占拠地域だそうだ。しかし今は、仕方なくなのか家が所狭しと建てられてしまっているため、行政が数年前にその地域に住むことを正式に認め、丘のてっぺんに貯水タンクを建設してインフラを整えたそうだ。しかし、下水の処理までは整えていないらしく、貯水タンクのそばにトイレともいえない、ベニヤ板で囲んだトイレが、雨ざらしになっている。そこも日常使用しているトイレだとジョバンナは言う。

次に、ジョバンナの家へと向かった。ジョバンナの家もまた、丘の斜面に建てられており、外から見るとベニヤ板などで作られた家で、しかも建てられてからの古さを感じる。玄関のドアは木で作られているのだが、ベニヤ板のすきまから光がもれ、それをさえぎるように新聞紙が張られていた。家が建てられてから、もう二〇年ほどになるという。

ジョバンナの家族は現在七人、二人の親と五人の子どもがいる。ジョバンナの祖母が亡くなったのをきっかけに、山岳地域からリマへ移ってきて、ここに住むようになった。

ジョバンナの母親は、いちばん苦労していることについて、仕事がそもそもないということと、子どもの世話で保育園やら炊事をやらなくてはいけなくて、働いている時間がない。昨年の一二月まではセーターを縫う仕事をしていたが、それがなくなったのと、自分の眼が悪くなったのも仕事をしなくなった理由ということである。

現在の唯一の収入は、父親がパンを売る仕事のみ。それに、ジョバンナが時々できる仕事で少しあるという。

母はジョバンナについてどう思っているのか。母親はジョバンナがナソップに関わることに理解を示していて、非常にうれしく幸せに思っている。またこれからもできる限り協力したいと言っていた。ただ、現在の長男が中学校を終えて、これ以上お金がないから勉強を続けることができないので心配しているという。生活の苦しさがひしひしと伝わってきた。

ジョバンナの話

帰って夕食をとった後、今夜出発する夜行バスまでの時間が空いていたため、ナソップにてジョバンナ自身に聞いてみた。

――これまで、どんな仕事をしてきましたか？

最初は、八歳のとき、三歳の子どもの子守りをする仕事でした。学校が休みの一か月ぐらいの間働いて、そのときにもらった給料は三〇ソル（約一〇五〇円）だけでしたが、自分で働いてもらったはじめてのお金だったので、とてもうれしかったです。それから、市場で野菜を売る仕事や、お父さんの手伝いでパンを売る仕事、クリスマスの人形を売る仕事などをしました。

ジョバンナ

一三歳のときに、マントックに参加しました。マントックでは、団体として仕事を請け負って、子どもたちが交代で働くようにしていて、ポストカードづくり、ローソクづくり、ビル清掃の仕事などもやりました。

――つらかった仕事はなんですか？

道路整備の仕事ですね。一三歳のときに四～五か月やったのですが、ものすごく暑いし現場に行くのもトラックにぎゅうぎゅう詰めだし、トラックが巻き上げたホコリを吸ってしまうし、つらくて身体があちこち痛んだり、病気になったりして大変でした。

――その仕事をするきっかけは？

近所の人に誘われたからです。そんなに悪くない仕事だし、友だちもできると聞いて、行くことにしたんです。でも、実際は大変な仕事でした。しかも、給料はお金ではなく、現物支給でした。米を二〇～三〇キロとか、豆、ラードなどです。

でも、お金で払われていたら適当に自分で使っていたかもしれないけれど、現物支給だったのでぜんぶお母さんにあげることができました。それはよかったと思います。

――ふだんの生活で、雨のときや冬になるとかなり大変かと思うのですか、そういう季節の時の過ごし方はどうしているのですか？

私の家はプレハブのような建物で、すきま風は吹くし雨漏りもします。水たまりが床にできると湿気で体調を崩してしまうので、雨水はバケツに受けています。きょうだいが病気になっても、治療費や薬代が高いので病院には行けません。暑い時期はなんとかなりますが、寒い時期は大変ですね。たくさん着込むしかないです。それで何とかしているという感じです。少しずつでも、状況を改善していくしかないと思っています。それには、私たちが大きくなって力をつけていくしかないと思います。

——住んでいる地域によって、格差や差別はありますか？

とくに地方の働く子どもたちの状況は厳しいものがあります。自分もスタッフとして都市よりも地方に行って、地方の子どもたちと働きたいと思っています。

私が住んでいるのはリマ市内のビジャマリーアという、わりと生活が厳しい人たちが住んでいる地域ですが、そのことでバカにされることもあります。それはイヤだけれど、そういった扱いに屈してはいけないと思いますし、自分たちが人にそういう扱いをしてはいけないと思っています。

——働くことについて疑問や怒りを感じたことは？

怒りを感じたことは一切ありません。両親が私に働くようにと強要したことは一度もないし、自分の母親は、自分の子どもに食事をさせるために自分が食べないこともありました。そういう大変な状況のなか、自分が働きたいと思ったのです。

一三歳までは、父親が金銭的に助けてくれたけれど、そのあとはまったく自分で稼ぎ、やってきました。大変ですが、いまのうちに人生というものがどんなに大変なのかを知っておきたいと思います。そのなかで自分も学ぶことがあると思いますから。

――マントックはどこで知りましたか？

自分の家の近くでマントックが活動していて、そこのメンバーやコラボラドール（協力者）に声をかけられ、参加するようになりました。最初の印象は、参加する人の間に、お互いが尊重する雰囲気があって、リベラルに自分たちのことを表現しあっている感じがしました。それまで、自分はあまりしゃべらなかったんだけど、マントックに関わって、まったく変わりました。また、仕事場で悪い扱いを受けることを許さない空気があり、それが私は好きでした。

――働くことと学校に行くことを両立するのは大変だと思いますが。

大変ですが、多くの子どもは学校を卒業したいと思っているし、実際、卒業している子どもも多いと思います。やはり、学校へ行っていないと将来のことは大変になるからです。

――コラボラドールと学校の先生との違いは？

コラボラドールは、先生と違って強権的ではありません。学校の先生は子どもの意見は聞いてくれない。だけどコラボラドールの場合は、子どもの意見を聞いてくれて、自分たちを中心にします。そこが大きな違いでしょうね。

——今後、どのような活動をしていきたいですか？

法律をつくる人たちに、ペルーの現実を知ってもらうことですね。法律をつくる前に、働く子どもたち、働く若者たちの意見をまず聞いてほしい。そういうことを国会や政治家に求めていきたいと思います。

私はナソップの全国代表をやっていますが、代表の任期が切れても、今後ずっと働く子どもたちの権利のために闘い続けたいと思っています。

＊　＊　＊

この日もハードな一日だった。インタビューを終え、夕食をとった頃には、みんな椅子に座りウトウトしている人もいた。しかし、これから移動である。疲れながらもみんな白ワゴンに乗り込み、ワンカーヨに向かうために、深夜バスのターミナルへ行く。僕らを含め、ナソップのジョバンナとパトリシアもいっしょだ。彼女らといっしょにナソップの地域会議へ参加する。

午後一一時ごろ、バスターミナルにバスが到着。バスに乗り込み、とりあえずは眠りにつくことにした。しかし、これから日本の富士山をも越える標高の四七〇〇メートルの峠を越える。少し不安を抱いたまま、まぶたを閉じた。

ワンカーヨ地域会議

奥地 圭子

コラボラドールによる会議のようす

前夜一一時発の夜行バスで、標高四七〇〇メートルの峠を越え、ワンカーヨに向かった。座席が窓際で寒かったのと、私も太い方だけど、隣席にもっと太ったアンデス先住民のおばさんがいて、とても窮屈でよく眠れなかった。相手も同じかなと思ったら意外とバス慣れしてるのか、よく眠っておられる。夜行バスの窓際というのは、トイレに困る。隣で寝ている人を起こさないといけないからだ。だいぶガマンしていたが申し訳ないけれど意を決して起こし、トイレに行かせてもらった。真夜中、峠でバスは止まった。空気が薄いので峠だとわかった。息苦しさは増していた。しかし、富士山より一〇〇〇メートルも高いところにいるのか、と思うと感動だった。

朝七時、ワンカーヨに着いた。ワンカーヨはアンデス山脈地帯の中にある人口三三万の小都市である。ナソップは、北部、中央海岸、中央山岳、東部、南部の五つの地域に分かれて活動しているが、その中の中央山岳地域の地域会議が、このワンカーヨで開催されるのだ。

宿舎のホテルに着くと、全国委員の少女が部屋に案内してくれた。部屋には、別の町から八時間かけてやってきたという少女三人と中年の女性一人がいて、「どうぞ休んでください」と言われたが、ベッドが一個足りなかった。

八時半に、会場のオデマ（ＨＯＤＥＭＡ：Hombres de Manana）スクールへ徒歩で向かった。案内の人も初めての土地らしく、雨で寒い中迷ったりして、とても遠く感じた。アンデスの人たちは、傘を使わないで平気で歩いていた。

会場のオデマの学校は、言ってみれば東京シューレのようなもので、公立でなく、ＮＧＯが創った学校だった。ここは学校であるけれど、どこにも行くところのない子どもたちの居場所でもあると説明を受けた。一四〇〇平方メートルくらいの土地があり、その五分の一に四階建ての校舎、反対側の端に小さな食堂があった。校舎と食堂の間は芝生や遊具のある庭兼グラウンドで、「東京シューレと比べてうらやましい」と言ったら、パトリシアが「山岳地帯だから買えたのよ。都市部では無理ですね」と説明してくれた。食堂では、大勢の子どもと少数の大人が入りまじって食事をし、終わると席を立って、替わりあっていた。子どもたちは気がきいていて、私は、いつも誰かが食事を運んでくれて、食べ終わるころ、食器を持っていってくれた。

九時四〇分ごろ、四階で、地域会議のオープニングが始まった。この日から二泊三日の合宿形式で行われるのだが、私たちは、初日から一泊二日の参加である。子ども、若者が一〇〇人くらい、大人が二〇人くらい、真ん中を開け大きな輪になって椅子に座っていた。大人と子どものあいさつ、地域ごとに参加グループ紹介の後は、アトラクションとして真ん中の広場でたくさんの踊りが披露された。お面をつけた男の子、女の子四人の踊りとか、男女四人ずつの青年が躍る収穫のダンスとか、民族衣装が美しく楽しかった。

オープニングが最高潮に達したとき、ナソップ創始者の一人であるクシアノビッチさんが「踊りの後は、これからの私たちの地域の問題を話し合いましょう。日本のフリースクールの人たちが来てくれています。彼らは新しい活動の形を模索している人たちです。彼らの組織を知って、私たちのために生かしましょう」とあいさつしてくれた。子どもは四階、大人は一階、それぞれのワークショップへと移動した。

コラボラドールの人たちの会議

私は午前中、太田君、須永君とともに、大人のワークショップに参加した。ナソップでは関わっている大人をコラボラドール（協力者の意味）と呼ぶ。ここはコラボラドールの会議、というわけである。その部屋は、小学一年の教室の感じだった。その低い机をコの字型に並べ、約二〇人くらいが座り、クシアノビッチさんが進行した。クシアノビッチさんは昨日、ボリビアから夜行で帰国したばかりというのに、七〇歳と思えないほど元気だ。

まず自己紹介と自分がぶつかっている課題などを次々と語った。私たちには、どんな人たちがどんなことをし、どんな状況があり、どんな問題意識を持っているのか、一度にわかりすごく興味深かった。教師、団体職員、ソーシャルワーカー、社会学者、校長、食堂で働く人などさまざまで、共通点は、働く子どもたちの支援をしているということだった。取り組みはいろいろで、子ども銀行、パン屋のプロジェクト、栄養管理、文化的アイデンティティーの保護、勉強支援、戦争難民の子どもケア、家族のない子のケア、木工、手芸、スポーツ、働きながら学ぶプログラム開発など、多岐にわたっていた。キャラメルを子どもで作って売るプロジェクトを進行させる人もいたし、連絡会議をつくる呼びかけをやってる人もいた。クシアノビッチが彼らの話を受けて、「今回参加していない地域があり、中央山岳地域での組織化は十分でない」とまとめ、次のような話をした。

①市民社会と国家の関係で言えば、働く子どもたちとストリートチルドレンの問題解決のため、子どもたちの組織、市役所、警察、教育省、厚生省、教会の関係、対話、意見発表を考えていく。

②教育と仕事と学校の関係で言えば、働く子どもたちの抱える必要性に応える協力が必要で、ナソップの教育学をオルタナティヴなものとして創っていく必要がある。また、仕事は子どもたちの成長に役立つが、それだけでは成長に十分ではない。

③各種援助機関とは相互理解が不足しており、協力しあう必要がある。

④農村から都市に出る子どもたちは、文化的に大きく異なる場に放りだされる。移民と文化の問題では、特別な戦略が必要である。

また、九月一一日のアメリカでの同時多発テロが活動にどういう影響を与えるか、について討議したいという意見に基づき、午後のテーマとされた。

子どもだけのワークショップ

昼食は、一時半ごろからゆっくり始まり、午後の部が再開されたのは三時一〇分だった。今度は、四階に上がり、子どもたちのワークショップに参加した。

子どもたちは、子どもの権利条約をゲーム化して、遊びながら、権利条約とはどういうものか学んでいた。室内で四グループに分かれ、サイコロを振って、該当のカードを取る。そこには「ナソップは宗教的・政治的団体である」、「コラボラドールが主人公だ」、「活動のない組織は死んだようなものだ」などと書いてある。それは○か×かを言い、当たるとイスの上に立って大声でこの言葉を言う。すると他のグループも言っている子の相手をしたりする。「ナソップは政治的意味を持っていない」こういうテーマは難しい。すると、グループの中で議論が始まる。異年齢いっしょなので、一六歳、一七歳のリーダーたちはとても大変である。「あなたはどう思うか」と問いかけたり、自分の意見を言ったりして整理していく。「NGOは、ナッツ（働く子どもたちの団体）を操作したり、命令したりするのでなく、支援団体だ」など

子どもたちのワークショップ

というカードまである。このプログラムを創ったコラボラドールが、広い会場にいた、ただ一人の大人だった。見守っている感じだった。

飽きてきたなという頃、一〇代後半の大きい年齢の子たちが皆に呼びかけ身体を動かす遊びを始めた。実際、この後も頃合いを見て、ダンスやゲームを入れてリラックス、お茶とビスケットの時間を入れてリラックス、というのを上手に取り込んでいるのを何回か経験した。

四時半ごろ、全員が前方に集まり、先ほどのコラボラドールの女性がまとめをした。「この集まりは何ですか」「組織とは何でしょうか」「何のために働く子どもの組織はあるのでしょうか」などの質問を投げかけ、子どもたちから活発に意見を引き出しながら、重要だと思われるポイントを整理している。自分たち自身を知ることも大切、自分たちを自己評価できることが大事、自分を高く評価できることも大切、皆さん自身が言っていくことが大切、そして働く子どもたちの組織が自治を持っていることが重要、という話をした。

こういうことをきちんと伝えていくのに私は驚いていた。最後に「では、クイズ!」と言って、「コラボラドールが子どもの意見を聞いてくれない時、どうしますか?」というような問題を投げかけ、ピラミッドではなく、シーソーの図を示し、水平な関係を子どもも求めていくことの大切さを述べた。しかし、また別のクイズを出し「協力者を尊重するのは大事。

コラボラドールも権利を持っている」というふうに話を進めていったが、そのように深めるのはすごいと思った。

東京シューレは、どう受け取られたか

休憩の後、六時半から八時まで、東京シューレが発表できることになった。

全員が前に出て、まず奥地から二〇分、学校へ行っていない子どもを応援する立場から、子どもの権利を守る活動をしていることを紹介した。前半は、不登校の子どもに対する抑圧の状況を語り、後半は、学校外の子どもの居場所、フリースクールをつくり、子ども中心の活動をしていること、子どもたちや親は文部省への働きかけも行い、全国交流も行っていることなどを話し、社会が違うとぶつかる問題も違うけれど子どもの権利に対して戦っていること、子ども中心という考え方を大切にしていること、この二点は共通していると話した。

続いて、石井志昂君、須永祐慈君の二人が自分の不登校体験について話した。石井君は、校則、制服のおかしさ、先生は守らないのに自分たち生徒は責められ、納得いかず苦しみ、東京シューレに出会い、そこでは自分の意見を言えるし、責任を持つからこそ自由に言えると語った。須永君は、学校でのいじめにより行けなくなり、行けないことで苦しみながらほ

とんど家にいたこと、東京シューレを見つけて、この自分であっていいと感じ、様々な活動を続けてきたこと、自分たちの声を上げていこう、と語った。

その後、質問の時間になったが、ナソップの子たちの活発なこと、社会的な意識の高いことに驚いた。

「ネットワークを持っているか、何団体参加しているか」「日本の教育費は無料か」「東京シューレと普通の学校はどこがちがうか」「コラボラドールは何人くらいいて、給料はどうしているか」「政府はどんな態度を取ってきたか」「政府が援助しないなら、社会は援助しているか」「私たちのような組織をどう思うか」「子どもとコラボラドールの関係は?」「公的認知を受けているか」「働く子どもについてどう思うか」……。

まだまだ挙手のある中を、夕食の時間となって終了した。「重要な仕事をされて敬意を表します」と言ってくれた子どももいた。

この日は学校の食堂で夕食をとってから、ホテルに戻り就寝した。この地域会議・ワークショップがとても重要な役を果たしているのだ、と感じた。また、日々大変な生活や仕事の中で、どうやって一万人もつながったり、社会意識を持ったりしていくかという最初の謎の一端に少し答えが見つかった気がして、興奮気味の頭も、そのうちスッと眠りに入った。

コラボラドール（協力者）

中村 国生

コラボラドーラとインファント代表のエステルさん。

コラボラドールについて

ナソップの子どもたちの活動を支えている大人たちがコラボラドールである。また女性の場合はコラボラドーラと呼ぶ。ことば自体は協力者の意であるが、ナソップにおいては単なる一般名詞ではなくて、組織のなかに位置づけられた役職である。ナソップには本部に一名と五つの地域にそれぞれ一名ずつ、計六名のコラボラドールがいる。子どもの全国代表の任期に合わせて、子どもたちが選挙で選び指名している。このやり方にも子ども主役主義が貫かれており、すごいと思った。

現在、コラボラドールは六名だが、前の年まではネリーさん一人で本部も五つの地域も担当していて、ものすごく大変だったそうだ。ネリーさんはクシアノビッチさんとともにナソップ創設の中心となった人物の一人であるが、子どもとの関係づくりが素晴らしい。全国代表の子どもたちをサポートする立場なのだが、先に出て引っ張るのもなく、後ろに構えて控えめにしているのでもない。子どもたちをまったく対等に見ていて、また、子どもたちも対等に彼女を見ている。「働く子どもたちの政治意識をはぐくみ、子どもたちのために社会や政治が動くよう目指しています。だから、社会のなかで子どもが隔離されてはなりません。大人といっしょに社会のなかで生きていくことが大切だと考えています」とネリーさんは語った。

子どもを対象化せず、子どもと共に在ること、生きることを選んだ人という印象を受けた。僕も東京シューレで同じ気持ちでスタッフをしている。「ここにも同じ思いでやっている先輩がいる」と感じて、ものすごくうれしかった。

ところで、ナソップがコラボラドールをネリーさん一人から六名に増やした理由は二つあるそうだ。

ひとつは運動の広がりと今後の発展の面から、よりきめ細かなサポートをしていくために、それぞれの地域に配置したかったこと。もうひとつは、ナソップ自体の財政難からだ。一人だったときは、ナソップが有給で彼女を雇っていたのだが、組織が確立してくるにつれ、事務的なことや日常の仕事のやり手が必要になり、全国代表のジョバンナを専従職員とすることにしたため、給料の出所がなくなってしまった。ネリーさんの方は、もともとやっていた公立学校の教師に戻り、現在は、まったく無償でナソップの活動に参加している。時間的な制限も出てきたため、一人では全国のサポートをやりきれなくなったという事情なのだ。本来、すべてのコラボラドールを有給で雇えるなら一番いいと言うが、予算が子どもたちの活動資金に充てるだけで精一杯なのだそうだ。厳しい話である。

プロタゴニスモについて

ナソップは、その思想と実践において根幹をなすひとつの考え方をもっている。それが「プロタゴニスモ（主役主義）」だ。プロタゴニスモはナソップを特徴づけるもっとも重要なものである。

プロタゴニスモは、〝能力を持っている〟〝中心である〟といった意味であるというが、ナソップでは特別な意味で使っており、運動のなかで培われ、精錬されてきた思想である。インファントの代表であるエステルさんは、「プロタゴニスモは、人間としての尊厳の自覚、自己の肯定的な評価とつながっており、権利であると考えています。また、自分がプロタゴニスモになることは、他人のプロタゴニスモを推進します。何より、自分が自分を好きになることがプロタゴニスモの原点です」と、僕らに語ってくれた。

ナソップにおけるプロタゴニスモは、東京シューレの自由観や自立観と共通していると感じた。つまり、自由とは「自ら」に「由《よ》って」判断したり行動すること、同じく自立とは「自分」という土台のうえに「立って」生きることである。人が自由を求め、自由になることとは、他者の自由を尊重し推進すると東京シューレでは考えている。ナソップと出会い交流して、この共通点を感じたとき、ものすごくうれしかった。そしてどこまでも通じ合い、広がっていける感覚を得た。エンパワメントとはこういうものだ、ということも実感した。

お別れの日

藤田 法彰

最終日。ナソップの活動ついて話を聞く

マントックの学校からナソップ本部へ戻り、ネリーやパトリシア、ジョバンナたちとまだ聞きたいことや残っている話など、お茶を飲みながら交流した。そして、夜七時から八時には出発しないといけないので、一時間という短い時間で、今回の旅行最後のイベントである「さよならパーティー」が行われた。

荷物を急いで三階から一階に降ろした。そしてパトリシアから王冠と野菜が半分書かれた紙を渡され、王冠をかぶり食堂の席に着いた。食堂はパーティー用に飾り付けられていて、忙しい中、僕たちのためにこんなにしてくれるなんて、とてもうれしかった。

ゲームが終わり最後に一人ずつお別れの言葉を言う時は、一人ひとりの話しに思い出がよみがえり、みんな涙を浮かべていた。「ペルーではほんとにたくさんの人のやさしさに触れて、すごくいい経験をした」とか、「マチュピチュ遺跡がほんとに美しくて、感動した」「普通の旅行じゃ見られない、入れないところもナソップを通して見れて、ペルーの今の現状を見てペルーのことを知ることができた」とか。特に、「場所は全然違うけれど、子どもの権利のために同じように活動している。今回の交流は今日で最後だけど、今回が始まりでこれからもつながっていきたい」という言葉にお互いに共感し、今回のペルーでの交流がお互いにとってとても学んだことが多かった、ということを感じた。

楽しかった時間は、あっという間に過ぎ去り、出発のときになる。しかし最後の時間を惜しんでハグをしたり、話したり、写真をとったりと、なかなか出発することができなかった。車に乗っても動き出しても、窓を開け握手したり、ハグをしたり、僕もこんなにいい人たちと離れたくないとすごく、すごく切なかった。動き出した車にナソップのみんなは見えなくなるまで手を振ってくれて、ここに来れてよかったとすごく思った。

空港までの一時間の道のりで、今回の旅行の睡眠不足で苦しかったことや、楽しかったこと、出会ったたくさんの人々のことを考え思い返した。もう少し時間があったらいいのに、飛行機が飛ばなきゃいいのになど、むちゃなことを思いながら、最後のリマの景色を目に焼き付けていた。

ワンカーヨ地域会議の参加者とともに

第3章

遺言がつなげる「希望」

永山則夫を身体で理解したペルーの働く子どもたち

義井豊

在ペルー・写真家
主に古代アンデス文明の考古遺物の取材撮影を行っている。

遺言のゆくえ・ナソップの子どもたちは今

リマの中心地から車を運転して小一時間。北西のはずれにカラバイヨ区はある。一九九二年に就任直後の女性黒人区長にインタビューをしたことがあった。人口はまだ二万人そこそこのプエブロホーベン（若い街＝低所得者層居住区）と呼ばれた新興の行政区だった。この街で一番多い職業は何ですか？「それは、もちろんアンブランテですよ」と即答する。

アンブランテとは、一般には「行商人」のことをさし、およそ中央政府や地域の行政サービスを受けていない、だから当然税金も払っていないインフォーマルセクターをいう。野菜、果物、花、服、靴、雑貨、鶏肉、牛肉、台所用品、簡易食堂など市場やスーパーマーケットで売っているあらゆるものを、小型の屋台にそれぞれ積んで街頭で売る商売だ。生活必需品を扱うので元手がそう多くはかからないこともあり、その日暮らしを支えるのに便利ですぐ始められる仕事だ。

その次に多い仕事は？　日雇い肉体労働、女中さん、麻薬の売人、バスやタクシーの運転手（鉄道のないリマではタクシーのほとんどはいわゆる無認可タクシーでこれもアンブランテの範疇にはいる）と言うかなと思っていたら、なんと「泥棒です」と言いだす。リマ市内の繁華街まで出かけていき、数人でチームを作り、歩いている人のものをかっぱらうことを日常に、同じ貧しい近所の家で買ったばかりのテレビを盗んだりすることまで、その活動範囲は広いのだという。警察は、時々泥棒を捕まえるけれど、罪になる確率は低いだけでなく、たとえ罪になってもすぐに釈放されてしまう。警察官の給料が安いことと区役所が住民に出来るサービスが極度に狭いからだと区長は無念そうに説明する。

今、一六歳のリサンドロ・カセレス・ゲバラは、一九八九年一一月五日にそのカラバイヨ区で四人兄弟の次男として生まれた。父親は七年ほど前からパナマに出稼ぎに行き、わずかな仕送りをしてくるけれど、帰ってこない。都会の家の洗濯や掃除、女中さんの仕事を時々やっている病弱な母親と二歳年上の兄と自分のわずかな稼ぎが家を支えている。リサンドロの仕事は叔父さんのやっているパン屋さんを手伝うことだ。一時は、身体が小さいこともあってモトタクシー（三輪オートバイタクシー）の助手席に座り、客の代金を受け取ることを仕事にしていた。

四つのベッドだけで一杯の部屋と台所を兼ねた居間のある自宅で、まだ八歳になる一番下の弟の相手をしながら、笑顔を絶やすことなく、久しぶりに出会った私にその近況を話してくれる。カラバイヨ区の一番大きな街道沿いにある一五〇〇人の生徒がいる中学の五年生だ。一年前まで機能していた生徒会が生徒と教師の無責任で解散してしまい、新たな執行部を選ぶための選挙管理委員会の広報責任者をやっているという。今は、近所でも特にナソップの活動はしていないし、ナソップの事務所にもめったに顔を出していない。でもナソップの現況はいろんなところから聞こえるようでよく知っている。

リサンドロがナソップの活動を知ったのは、カラバイヨ区の子どもたちを集めて「私たちが抱える本当のこと」を語り合う集まりを主宰していたパティー・クルサドの活動に出会ったことがきっかけだ。八歳でカラバイヨ区でのナソップの活動に積極的に参加する。一〇歳から一四歳までナソップのリマ代表、ペルー代表、ラテンアメリカ代表などの役割を担って、イタリア・フランス・ベルギー・スペイン・ベネスエラ・チリ・日本など一二か国以上を回ってペルーの子どもがなぜ働かなくてはいけないか、その置かれている状況を世界の子どもに訴えてきた。海外に行くときは必ず通っている小学校の担任と校長の許可が要る。ある時に、このままでは小学校の出席日数が足りなくなるから、しばらく海外出張は許可できないとまで言われたほどによく海外に出かけていた。身長一三〇センチの小柄な小学生リサンドロは、どこにそのエネルギーが秘められているかと思えるほどの早熟で明晰な頭脳を駆使してペルー社会の分析を正確に行い、富める国からのペルーへの経済的圧迫が自分たちの貧しさを増幅させ、結局は学校へ行きたくても働かないと行けなくなっていると説明していく。

リサンドロにとって青春を注ぎ込んだ六年間にわたるナソップの活動は、「Un Regalo」(ひとつの贈り物)、「Un Sello」(ひとつの刻印)だと言う。

「ナソップ経験は自分への大きな贈り物であるばかりか、頭や心や考えに染み込んで決して消えることがない刻印なんだ。何よりも子どもが主役というのは重要な出発点だ」

大学へ行くにしても留学をするにしても、弁護士になれるかどうかの適正検査を受けるつもりだと言う。

約三〇%の子どもが働いている国・ペルーとは

ペルー共和国は現在人口が約二八〇〇万人を超えようとしている。

一九六〇年代には一九〇万ほどだったリマの人口は、この五〇年でペルーの人口の四分の一、七〇〇万人を抱えるほどに膨張している。海岸線に点在するいくつかの街にシエラと呼ばれる高地に住む先住民たちが降りてきて、都市生活者になっていく。社会学者のマトス・マルは「民衆の氾濫」という言い方でこの都市化現象を説明している。ごく一部の富裕層が住むミラフロレス区やサンイシドロ区を包むようにリマ市は南北と東に街は拡大を続けている。リマではガルアと呼ばれる霧雨が五月から一〇月に時たま降る以外は雨が降らない。傘屋もないし長靴も一般の人は使わない。雨の降らないリマ市内は、葦簀《よしず》が四枚もあればとりあえずの空間が出来生活を始められる。地方から出てきた同じ仲間たちと砂漠の国有地を集団で不法占拠しスラムを形成する。

しかし都市計画者がいることは確かで、将来の広場を決め教会や市場の場所を確保し、大通りを作って区画整理をする。仮設の家に国旗を掲げて、警察や軍からの不当介入を排除しようとする。周辺に小高い丘があると街は丘の上に向かって広がっていく。五年すると電気も水もあり、バス会社も出来て通勤の足になり立派な行政地域が出来上がる。

ペルーは、コスタとよばれる雨のない砂漠が続く海岸地方が、太平洋に面して南北約三〇〇〇キロあり、約四〇本ほどの川が流れる。実際に水の流れている一〇本くらいの流域に人々が生活している。シエラと呼ばれるアンデス山脈、標高三〇〇〇メートル四〇〇〇メートルのところにはスペインが来る前から多くの人たちが住み、アンデネスとよぶ階段状の畑を耕している。セルバとよばれるアマゾン川流域は密林に包まれ無数の支流が通路として機能している。気候環境の全く違った地域に住む人たちがペルー共和国を作っている。

ペルー国家統計庁によると六歳から一七歳の子どもたちは全国で六九五万人いる。このうち働く子どもたちは、少なくとも約二八、六%、一九八万人はいる。(二〇〇一年の統計)一八歳以下の子ども人口に拡大すると一〇六五万人になる。その二八、六%が働いているとすると、三〇四万人の子どもの数になる。六歳以下で働いている子どもたちも現実のどこの街に行ってもいくらでも見かける。全国平均では二八、六%の就労児童数ではあるけれど、シエラと呼ばれるアンデス高地の村や街の子どもたちの約四六%が働いている。チチカカ湖に近い南部高地プーノでは実に六九、七%、ワンカベリカやアプリマックと呼ばれるペルーで一番の貧困地域として知られるところでも五八％以上の子どもが働いている。同じ統計によると働く理由の半分は家庭の経済的理由だという。子どもたちの仕事の種類は千差万別である。一番多い仕事は農業の手伝いで四七、八％である。物売りの仕事が一一、六％、家の手伝い（女中さん）八、六％、パン屋さん、機械工、自動車修理工の助手など七％とある。物乞いの子どもたちも多い。子どもの仕事と限定されたものはむしろないかもしれない。これらの仕事は、普通の大人でもやっている。子どもと共栄共存というより競争相手ともいえるし、大人社会の中で子どもたちが対等に普通に仕事をしているとも見える。

民間調査機関によると、五〇〇〇ドル以上の給料をもらっている人は三％。三五〇〇ドル以上もらっている人は五％。一五〇〇ドル以上もらっている人は一〇％。五〇〇ドルもらう人は三五％。一五〇ドルもらう人は四五％いる。しかし、完全就業率一八、六％のペルーでどれだけの人が安定的な給料所得を得ているだろう。別の機関のデーターによると、富裕階層二〇％が所得全体の六〇、三％を得ているが、最も貧しい層二〇％の所得を合計しても三％にしかならないという数字もある。

さらに、二〇〇〇年には貧困層がペルー全体の五四％になっている。政権が変わっても貧困層の厚みは増えこそしても減ることはない。

リサンドロたちナソップを担う子どもたちの行う議論は、一見して脱出不可能に見えるそんな閉塞的で不可視な社会状況の中に、自らが這いずり回っていることを「何故なのか」という疑問をこめて主体的に表明していくことで運動を作ることができ、その日常がさらに状況を見据える意識を強固にし、運動の基礎になると認識している。さらにそれが出来るものこそ自分たち働いている子どもたち以外にありえないという意欲を秘めている。

子どもが主役の労働運動体・ナソップ

ＮＧＯとして登録されているナソップの責任者である、エステル・ディアスは、尼僧だったときの話をほとんどしない。ペルー北部、アンデス山脈を横断して高地アマゾン地方で生活していた頃から、リマ市内の中心街の貧困地域アグスティノにある「マドレ・アドミラブレ中学」にいたときまで、カトリックの宗教活動として尼僧の身分で主に子どもたちに関わっていた。多くの貧しい家族たちとのつながりから、その活動を広げようとして「カトリック的慈悲活動」の枠をあっという間に突破してしまった。尼僧の身分を取り上げられてしまってもなお、同じ学校で今度は教師として子どもたちとの接触は続く。同時に、一九九四年から「マントック」の活動に参加する。共同食堂を組織し、子ども工房で学校へ行けない子どもに勉強や手作業を教えてきた。しかしこのマントック活動もまた、キリスト教的発想をベースにしているため、その尺度にあわない子どもたちは排除されていく。さらにマントックがそれなりに強さを増すと同時に、運動としての柔軟性が衰えていくのをまのあたりにする。

そんなころにアレハンドロ・クシアノビッチ師を中心として模索が続いていた、宗教性にこだわらず、あくまでも子どもが主役の運動体でしっかりした自治機能をつくり、全国組織としての活動をする「ナソップ」の創設にエステルは積極的に参加していく。マントックも含めて、街頭生活をしている子どもの収容施設である「ヘネラシオン」や警察が子どもたちの保護を目的に運営している「コリブリ」など、ペルー全国で三〇ほどの団体が参加して一九九六年三月二一日にナソップの活動は始まった。

ナソップにはツンベス、ピウラ、ハエン、リマ、イカ、アバンカイ、ワンカベリカ、イキトス、プカルパ、プーノなど全国のいろいろな地方、グループの代表者が参加し、代表たちの間から全国代表が選出されている。リマのサン・フアン・デ・ミラフローレス区に事務局を構え四人の全国代表が常駐している。ナソップの地区代表は働きながら学校へ行っている子どもたちが多い。定期的にリマで行われる会議に代表として出席してくる。しかし、地元では積極的に発言している子どもも、リマに集まるとどこか臆するところがあるのかしゃべれなくなったりする。百戦錬磨の子どもがナソップの本部事務局には集まってくるので、うっかりしゃべると論破されかねないとエステルは言う。

一七歳のリデル・レアテギはセルバ（アマゾン地区）にあるプカルパで七歳から働いていた。母親がやっているアンブランテの簡易食堂で、セビッチェ（海鮮サラダ）用の魚を洗ったり、ユカ芋を切ったりして手伝ってきた。ナソップのプカルパの六〇〇人の集まりで選ばれリマに派遣され、さらにリマでの代表者会議で全国代表の一人に選ばれた。でも、初めからナソップのいう「プロタゴニスモ」の何かがきちんと分かっていたわけではない。子どもたちが発言しその状況を少しでも変えていく。自分一人が不自由なのでなく、仲間がいるんだという意識を持つことの大切さをプカルパの仲間たちとの集会で具体的にしゃべってきただけだった。結果的にその発想自体が「プロタゴニスモ」だと理解するのに随分時間がかかった。リデルは「プロタゴニスモ」というのは、「自分であることに自信を持つこと」で「自分で自分を考えて行動すること」だと理解している。

リマに初めて出てきた時、何よりもこの街の大きさと複雑さ、人の多さにびっくりしたばかりか寒さになれるのが大変だったと言う。ナソップ事務局に集まった仲間と地方の話を聞いていくうちに文化や習慣の違いを感じたけど、ペルーがいかに広く豊かな国だということも知った。今はナソップの事務局に住みながら近所の子ども五人に一時間二ソレス（約七〇円）で数学を教えている。将来も、子どもたちの活動を支えるコラボラドーレス（協力者）の仕事続けていきたいと目を輝かせる。

ピウラ選出の眉毛の濃いオルランド・マチャレは一四歳だった二年前に全国代表になる。二〇〇六年一月彼はジュネーブの国連子ども人権委員会で証言をした。ペルーは国連の子どもの権利条約を一九九〇年に承認している。オルランドたちは、ペルー政府が五年ごとに提出を義務づけられているペルーの子どもの置かれた状況の報告書は、一人の子どもも参加することなく作られ、いくつかの統計数字を重ねて作った実態のないものだと批判してきた。「子どもの権利条約」の一三八条で一四歳以下の子どもは働いてはいけないとしていることや、一八二条で仕事の種類に禁止事項を作っていること（売春・ポルノビデオ・レンガつくり・鉱山労働など）をマフィヤや大人たちが作りだしている元凶を無視していると批判した。それがもとで、ＩＬＯ（国際労働機構）が二〇〇二年に彼らのホームページで「ペルーのナソップは革命を目指すコムニスタの危険な存在」と非難しているという。

国連子ども人権委員会からの依頼で、ナソップを中心に議論をして、ペルー政府に対する三五項目の質問状を作って委員会に送った。インディヘナの環境問題、アマゾン地域の環境問題という総論的なことから、路上生活を余儀なくされている子どもたちへの見解、アメリカとの自由貿易協定にある、児童就労の撲滅条項がなぜあるのか、という具体的なことまでほとんどの問題点を描きだし、政府に返答を迫っている。委員会は、子どもたちに一時間インタビューをしたうえで質問事項の優先順位を聞いた。その後、委員会は六時間にわたってペルー政府代表団（女性開発省）に対し、質問の出自を明かさずに質問事項の九〇％を採用して議論を繰り返したのだという。

たとえば、マグダレナ区にあった「ヘネラシオン」の家から子どもをなぜ追い出したか？という具体的質問に対し、政府代表は、その家は「不法な存在だった」と言ったところ、委員会側はいくつかの証拠を挙げて政府の言い分がうそであることを明らかにした。委員会は、三か月後にペルー政府に対して報告書を作り、「Plan Nacional Accion Infantil」（子ども行動国家計画）が、予算が全くないこと、政府を代表しているだけで子どもを代表していないとその欺瞞をついて実効性がないことを指摘した。

さらに、委員会はペルー政府に「オンブスマン制度を導入する提案を行い、子ども労働についてのナソップの意見を全面的に支持する」としたのだとオルランドはその成果をごく当たり前のようにいう。

ナソップからペルー政府への質問状
〜国連「第四一回子どもの人権委員会」に提出された「子どもに関する報告書」に関して〜

序文

ペルー国内の一万四千人以上の働く子ども・青少年たちによって組織される、「ペルー働く子ども・青少年全国運動（MNNATSOP）」は、学童市議会（Municipio Escolar）ＡＳＮー協会、家庭内労働に従事する女性達による組織（CCTH、IPROFOTH）、ＮＧＯ団体「ヘネラシオン」、ラテンアメリカ・カリブ地域働く子ども・青少年のための教育者養成機関（IFEJANT）、ＩＮＦＡＮＴ、そして国立サンマルコス大学社会福祉学科の代表者らと共に以下のことを考察する。

政府が提出した報告書に記載された、ペルーにおける働く子ども・青少年の現況に関する分析内容、政府が掲げた目標が実際に達成されているか、報告書がどのような過程を経て作成されたのか、などを調査することによって、最終的に報告書の構成内容自体の批判を行うことを目的とする。

この質問状は、ペルー政府が提出した報告書を徹底分析し、報告書内に見られる虚偽や不明瞭な事項に対して質問を投げかけることによって、より真実性の高くその内容に一貫性が見られる報告書の作成に寄与しようとするものである。

我が評議会によって作成された質問状は、政府の提出した報告書が充分な調査、分析に基づかずに作成された虚偽のものであり、国内各省庁の報告書の寄せ集め、真実味のない統計資料に多少のコメントを付け加えただけの稚拙きわまりない報告書であることを明白にするものである。

我々が提出した質問状に対する政府側の返答は、形式的に統計資料を用いて作成されているが、国内のごく一地域の現実を反映したものに過ぎず、その統計資料はアマゾン地域やアンデス地域など異なった生活様式を無視している。

ペルー政府の提出した報告書は、子ども・青少年を対象とした社会政策が非常に少ないこと、また、子ども・青少年達と新たな社会契約を結ぼうとする意志が全くといっていいほど欠如していることを、自らによって暴露している。

ペルー政府が提出した第三回報告書に対する
国際子どもの権利委員会（ＣＲＣ）からの返答文書（冒頭部分）

報告内容に関しての評価

当委員会は、ペルー国の第二回報告書に対する返答文書内に記載された、憂慮されるべき子どもの現状、または子どもに関する政策の不備などがどの程度改善されたのかに焦点を当てながら、第三回報告書の査定を行った。

その結果、子どもの問題を扱う行政機関の活動強化、差別の撤廃、公平な資源分配、子どもの意見の尊重、家庭内外における子どもの性的、身体的虐待の撲滅、医療機関へのアクセスに関する地域格差の改善、インディヘナの子どもたちに対する平等な教育サービスの提供、子どもに対する経済的搾取の防止、未成年に対する裁判制度の改革など、前回憂慮を示した点、またはその改善を勧告した点が、以後不十分、もしくは部分的な形でしか取り扱われなかったことを非常に遺憾なこととして受け止める。

当委員会は、ペルー国が第二回報告書の査定結果によって作成された全ての勧告内容を直ちに受け入れその改善に向けた努力をすること、そして以下に記す第三回報告書に対する勧告に対しも、適切な方策をもって応じることを要請する。

法令とその適用に関して

ペルー政府は、国内法の各条項内容が国際協定の内容と一致したものになるよう特別の努力を行わなければならない。特に、「乞食を禁ずる法令」と児童・青少年に関する法令内の「危険な非行グループ」の項に関しては、その撤廃を考慮に入れるべきである。

当委員会は、二〇〇三年八月にペルー共和国大統領に対して提出された「真実と和解のための委員会」の報告書に対して賞賛の意を示す。テロによる被害者のための「reparacion 統合プラン」の確立した部分などに対しては特に賞賛する。しかしながら、「真実と和解のための委員会」から発せられた提言は、今日におけるまでごくわずかな犠牲者のみが政府による賠償をうけ、部分的にしか実行されていない現実を憂慮します。

「プロタゴニスモ」終わりのない運動

アレハンドロ・クシアノビッチ師という殉教者にも似た風貌の哲学者がいる。「存在そのものが哲学」という存在をかつて前衛音楽家小杉武久のなかに見つけたが、小杉は創造的表現者として世界と対峙しているのに対して、クシアノッビッチは、創造的実践哲学者として思想を行動に表現している。心臓に爆弾を抱えているとはいえ、一見穏やかにみえる好々爺クシアノビッチ師が醸《かも》しだす匂いと風と研ぎ澄まされた意欲は、周囲の人たちをとりこにしてしまう。神父という役職をバチカンに罷免されたという前歴は、絶対一神教を否定せざるを得ない場所に自らが論理的、倫理的、哲学的、思想的にたどりつたあげくの勲章かも知れない。神父を罷免されても子どもたちと接触できる教師の場所がなくなったわけではない。小学校や中学の教師をやりながらクシアノビッチ師は自らの信念を社会的表現として実現している。サンマルコス大学で教鞭をとりながら、子どもの存在を軸に、彼らこそ主役になるべきだという想いを若手の「コラボラドレス」と呼ばれる協力者たちに訴え続けている。

彼は一九七六年のマントック創立に参加し活動を支えていくが、「すべての子ども・若年労働者」の参加が果たせず「全国の組織化」ができない状態を批判して、一九八八年から子どもたちの全国大会を開き、上からの運動でなく、子どもたち自らが担うべき運動を実践すべく、一九九六年の第六回全国大会でナソップの立ち上げに深く関わっていく。クシアノビッチ師にある思想は、「大人が子どもたちをその予備軍として組織化していくことを拒否」して「子どもたち自らが自分たちの行き先を選択できる運動体を作るべき」だし、「子どもたちは各々の場所で働きながらもそこで影響を拡大し、共鳴しあっている」とあくまでも子どもが中心に置かれている。「プロタゴニスモ」（主役主義）そのものを絶えず表象している。

終わりのない運動が着々と進んでいる。

小さな働き者たちとの草の根連帯をめざして
―在日ペルー人労働者の現状から―

棚原恵子

1964年ペルーに移住。1991年帰国後、カトリック教会の外国人支援団体に勤め、現在「NATSOP基金」のボランティア。

遺言のゆくえ・ペルーと日本

永山さんは「ペルーの子どもたちに印税を届けてほしい」と遺言を残し、交流の種を蒔き、時も距離も越えて、色々な人々を出会わせ、草の根連帯の方向に突き動かしているように思える。私はその遺言のゆくえとなる「ペルーの団体を知っていたら教えてほしい」と頼まれた時、初めて永山さんについて耳にし、メールでのやり取りで団体探しに協力した。その後の展開に特に関心を持ったわけではないが、「東京シューレ」や「永山子ども基金」に出会い、いつの間にか一緒に「NATs」(Ninos y adolescentes trabajadores= 小さな働き者たち)に関わっている。

「マントック」というその団体のクシアノビッチさんと「ナソップ」の代表のパトリシアさんが会議のために来日し、その機会にクシアノビッチさんが日本で働くペルー人労働者に会いたいとのことで、労働組合の神奈川シティユニオンにその設定をお願いした。

彼の訪問も忘れてしまっていた頃、ペルー人労働者が五〇人ほど解雇され、数か月の抗議行動と団体交渉の結果、あらゆる労働基準法違反の是正と解雇手当が全員に支払われた。それ以外に予想外の慰謝料も支払われることになり、神奈川シティユニオンの提案でペルー人労働者と本国の働く子どもたちの交流を促進する目的で「NATSOP基金」が設立された。

戦前は移民を送り出していた日本が、戦後の経済発展により一九九〇年に企業の人材需要に対応し入国管理法が整備され、ブラジルやペルーの日系人が日本で働くことが可能になった。しかし企業の都合で深谷工場（埼玉県深谷市の東芝部品工場で一〇年も契約更新を繰り返し働いていたが、突然解雇を告げられて「はい、さようなら」となった）の場合同様、簡単に解雇される状況にある。

一九九〇年とは、ちょうど経済のグロバリセーションがどんどん押し進む時期で、第三世界の南米諸国にはその象徴として、IMFの経済調整プログラムが強いられた。ペルーではフジモリショックと称されたショックプログラムが実施され、教育や医療予算が削られて債務にあてられた。基本的ライフラインの水道局や電気供給会社が民営化手続きに入り、衣食住の確保に欠かせない労働が、長年の労働運動で勝ち取られた雇用と、社会保障の原則秩序が緩和されるよう仕向けられた結果、失業者に溢れた。

車を持っている者はタクシーを、ガレージを持つ者はそこに雑貨店を設置したり、路上では物売りからドル両替屋が電卓と札束を持って客を呼び寄せるありさまだ。カオス的インフォーマル経済が殺到する一方、経済大国並な消費スタイルを導入する大きなショッピングモールがオープンし、それまでは輸入規制されていた製品が、国内の物より上質で安い製品が出回り、開発神話が実現したかのような見栄えが揃い始めた。一気のショックで市場の競争原理にまかされるプロセスは全てカオス的であった。

それまでの中流階層意識を持つ大部分は貧困化へ、貧困層は極貧困化へと追いやられ、インフォーマル市場は物はあふれるが、「一日二ドル以下での生活者が四一、四パーセントを占め」（オスバルド・デ・リベロ著『開発の神話』）消費能力が無く、市場参加どころか、社会に生存する場を失う時代が到来した。

そんな状況を逃れるため、日本で働くことを選択した移住労働者は、その労働の実りを家族に送金し、いずれは出身国でささやかな安定生活をと願っての来日であった。あれから一五年経った現在もなお、出身国の経済困難は悪化する一方で、不安定ながらも日本で定住せざるを得なくなっている。

ペルー人労働者のプロタゴニスモ

私は自らが移住労働者であり（一九六四年に家族呼び寄せ移住で一〇歳からペルーで育った。日系人学校で日本語教師として勤め、結婚し夫と三歳と五歳の子どももいっしょに一九九一年末に日本に再移住）、来日後は、神奈川県の外国人相談窓口や職業安定所などでスペイン語通訳・相談員を経て、一九九六年から（事務所が閉鎖した二〇〇二年三月まで）カトリック教会の外国人支援団体に勤め様々なケースに対応してきた。あまりにも集中する個別ケース（突然解雇、賃金未払い、労働災害、オーバーステイ者拘留で友人や親族からの面会・差し入れ・当番弁護士の依頼、病気になっても保険がない、無免許、飲酒運転で交通事故を起こした、婚姻、離婚、子どもの認知、など）の対応に限界を感じ、「支援活動を当事者運動へ」と提言した。

移住者の様々な問題は基本的には、既にペルーで目の当たりにしてきた労働の非正規化、使い捨て雇用に原因がある。それを労働組合の課題と認識して、共に中間を作り、団結形成を図るために、所属していた支援団体のネットワークにあった神奈川シティユニオンと連携し、ケース対応の通訳や職場ごとの調整や団体交渉を行って、当事者参加を試みてきた。「ＮＡＴＳＯＰ基金」はできることなら、深谷工場のペルー人労働者自身のイニシアチブで設立してほしかった。多くのペルー人労働者は会社との団体交渉において、初めて有給休暇をとる権利や労災補償などを認識する。抗議行動に参加して「外国人でも誰でも」権利主張していいのだと意識化が始まるが、数か月後にケースが解決すると各々の日常に戻り、団結・共闘の場が解散になり、せっかくの芽生えが断ち消えてしまう。従って、「ＮＡＴＳＯＰ基金」は委員長の提案によって深谷工場の労働者が承諾する形で設立されたが、私はケース対応の枠を超えて、意識化・自立プロセス継続の活動展開の拠点になる可能性に賭けて取り組んできた。

現在は南米出身者の多い横浜市鶴見区で国際サービス員として働き、ユニオンとの連携は「ＮＡＴＳＯＰ基金」に絞ったが、行政サービスにおいても外国人区民に関する課題は当事者の地域住民としての意識化・参加であると考える。

移住労働者は受身的にユニオンの力の恩恵にあずかる、一方的関係に留まっていてＮＡＴｓほどエンパワーメントしていない。しかしながら、彼らには助け合いの精神が根強く、前進していく力を発揮し得ると確信する。ナソップとの交流を機に、本国の働く子どもたちに義捐金を送るだけではなく移住労働の現実、受入国でのパワーレス、権利主張ができるようになるまでの過程を紹介すると同時に、小さな働き者たちが大きなプロタゴニスモを発揮する活動を学び、交流しながらエンパワーメントし合い、お互いが自立していくことをめざして、支援活動ではなく対等な関係、連帯的発展を願ってやまない。

不平等と排除を引き起こす経済のグロバリセーションに対し、誰一人搾取されない、切り捨てられない、連帯のグロバリセーションを!!

日本人はかつてペルーへの移民だった

「ペルーの農園は海岸地帯にあり、太平洋から一年中涼しい風が吹いている所で日本人向きの気候で風土病は一切なく健康に最適、日本人はペルーで大歓迎される。賃金は日給一円二〇銭、残業を含め一か月、二八円から二九円ぐらい稼げる。生活費七円から八円の計算で二一円から二二円の貯金が可能」(アメリア・モリモト著『ペルーの日本人移民』)

一八九九年、ペルーの国際市場向けの砂糖きびや綿栽培の労働不足と日本の職不足が一致し、移民会社の仲介でペルーへの移民が開始された。一九三三年に多くの人たちが、四年間の農業移民契約を交わしてペルーへ出向いたが、賃金未払いや契約違反や様々な困難が生じ、初期の移民は契約満了、あるいは途中で農園を後にして、主に都心部へ向かい、自営業に従事するようになる。

一九二四年からは、農園ではなく、親戚や友人が営むリマやカヤオの商店で働くため、呼び寄せの形をとってペルーへの移民は続いた。

しだいに同胞ネットワークが組織され、新聞発行、子弟教育のため学校建設も行われたが、帰国を前提にしているため日本の制度で実施された。ペルーで生まれ育ちながらも、常に日本人アイデンティティを継続し、ペルー社会に閉鎖的な日本人社会が機能した。

第二次世界大戦情勢にともない在ペルー日本人が、武器を隠し持っているという噂が出回り、その閉鎖性は日本のナショナリズム的侵略作戦ではないかと非難され、反日感情があおられ、集会や日本語使用が禁止された。学校は政府に没収され、多くの商店が暴動の被害に遭うような事態に至り、敵国とされ、領事施設もなくなった。生活していくうえで差別・排除の対象になり、ペルー生まれの二世や三世は、ペルー国籍として出生届を出すようになる。

戦後、日本人学校は名称をスペイン語に代え、ペルー制度のカリキュラムを基本に私立日系人学校として再スタートした。唯一、日本語を英語に次ぐ外国語として取り入れることができたが、時と共に同化が進みペルー人としてのアイデンティティが確立されていく。そして、一般的に「ハポネース」「ニセイ」「ニッケイ」と位置づけられながら、現在は日本にルーツを持つペルー人、日系人としての概念とその社会が存在する。

ペルーから日本への「デカセギ」

そんな日系人社会内で、ペルー移民開始から百周年までわずかにせまった一九八〇年代後半、経済危機で貧困化が進むペルー情勢のなか、二世、三世による日本への「出稼ぎ」が密かに始まった。そして一九九〇年の改正入国管理法施行と同時に、リクルートビジネスによって全国に拡大され「デカセギ労働者」募集が一般メディアに「日本で働いてみませんか？　簡単な組立作業で月収二〇〇〇から四〇〇〇ドル、寮完備」と広告されブームと化した。

しかし、法改正は日系人に限るもので、日系人証明をめぐって戸籍売買、偽造日系人、偽造結婚などの騒ぎを引き起す要因にもなった。また、この改正法によって、日本でのペルー社会の差別構造が助長されることにもつながった。バブル崩壊後、最初の大量解雇が生じた時、雇用継続権利をめぐって、日系人証明ができる者に有利であるべきと、ペルー人同士が争う場面も少なくなかった。

病気やビザの手続きで休んだりするのは禁物、労働災害にでもなると自己責任として問われ、治療費は自己負担と課せられ、膨大な治療費を心配して完治前に退院して事態を悪化させてしまうケースが多かった。

ある大型プレス工場で働いていたブラジル人が、プレス機操作を誤り全身が巻き込まれ、即死した。事故を目の当たりにした南米の労働者がショック状態に陥っていたにもかかわらず、会社側は救急車を呼んで遺体を搬送させ、プレス機についていた血を拭かせ、再稼動して全員に仕事を続けるように指示した。この行為に外国人労働者全員が、冷酷すぎると言葉を失い、憤慨して作業服を脱ぎ捨て会社を去っていったというケースもある。

「デカセギ」労働から日本での定住へ

多くの困難を含む日本での「デカセギプロセス」を以下に整理してみた。

(1) ブローカー依存期（一九九〇年〜一九九二年）　ペルーでリクルートされた移住労働者は、渡航費用の貸し付けを含む「集団デカセギパック」で来日し、就労斡旋ブローカーによって成田空港でピックアップされ、準備された住居と職場が供給されて、翌日から就労する一連の流れをたどる。全員、中小生産工場で働き、時給計算のサラリーは月末締めの翌月、又は翌々月中旬に支給。毎日二時間以上の残業が義務付けられていて、でたらめな割増計算、週一回休日、有給休暇なし、社会保険なし、変則勤務シフト有り、労働基準法の適用なし、渡航費用の返済が完了するまでの数か月は辞職できない仕組を強いられる。転職に挑んでも言葉の通じない困難にぶつかり、ブローカーに依存するほかなす術がなかった。

ブローカーの都合による情報操作が行われ、生活用具を揃えるのもブローカー、外国人登録にもブローカーの付き添い、在留資格の更新や本国への仕送り手続きもブローカーが付き添う。解雇の際には同時に住まいと職を失い、ブローカーの世話しだいで次の職が決まるので「体力がないから」「怠け者だから」「うるさい条件を要求するから」「日本人の顔をしてないから」など、中傷的な言葉をあびながら、人格否定にも相当する従順を強いられて待つ。過労やストレスの蓄積から社会適応ができなくなるケース、労働災害に遭っても、労災保険の適応を受けずに放置され、帰らぬ人となる者、仲介料とピンハネは言うまでもなく、移住労働者の生活すべてがブローカーに支配された。

それがブローカーなしでは行動できない時期の移住者が背負った異常なコストであった。

（2）住居独立期（一九九三年〜）　バブル経済破綻後、外国人労働者が大量解雇の対象となり、ブローカーにとって労働者を必要とする企業が激減し、移住労働者の再就労困難が生じた。単身者は数人にまとまりあたりかまわずに転職先を探したが、この時期家族を呼び寄せたばかりの場合は、職場と住居を失う事態にせっぱ詰まり、ブローカー抜きに住居確保のため不動産屋を駆け回った。ここに来て「外国人だめ」と断られ、日本社会の外国人に対する閉鎖性を噛み締め、結局借り手のないアパートに通常より高い賃貸料で入居した。それでも自らの名義で賃貸契約を交わせた状況を〝アパートプロピオ〟(自分のアパート)と表現し、住む所の確保によってブローカーの支配から抜け出すことになる。

住居を拠点に職場を探し、ブローカーなしで行動範囲を広げ、ハローワークや地域のボランテア教室、相談窓口を見つけ、それぞれの情報を口コミで伝達して上手に活用した。そして呼び寄せた子どもの学校入学にともない、学校行事や子どもの活動を通じて、地域に定住していくプロセスをスタートした。

生活が落ち着くことで、南米の食品を扱う雑貨店やレストランができ始めた。またスペイン語やポルトガル語新聞が発行され、それぞれのコミュニティの状況や本国、日本社会の主なニュースが報道されるようになった。就職するには相変わらずブローカーを使ったりするが、今では支援団体や労働組合の力をかりて権利主張ができるようになり、ブローカーの言いなりに黙って従う状況はずいぶんと減少した。

（3）定住期と課題（現在）　一定の収入が維持できる状況になった定住期現在、子どもたちは学校へ通い、初期に来日した子どもが義務教育を終了し高校・大学へと進学したり、成人年齢に至って日本社会に同化されていく世代が増えている。親の世代の関心は本国と同胞コミュニティが主で、生活を支えるには相変わらず社会保険なしの非正規の労働、三K（危険・きつい・汚い）・長時間労働で、日本社会との関わりは薄い。

いまだに言葉に不自由し、病院や学校などの慎重性をともなうコミュニケーションにおいては、通訳者の仲介を必要とする。そして、多くの人が永住許可を取得し、現在では住宅ローンを組んで住宅購入する傾向が見受けられ、定住の意思が顕在し始まった。しかし、簡単に消費文化に吸収されていくのは警戒すべき課題ではないかと考える。

日本で生きる移住者の子どもたち

日本に定住するうえで、特に子どもの教育が取り上げられている。日本の学校教育に途中からでも編入できた子どもたち、あるいは日本で生まれた子どもたちは、日常会話には困ることはない。しかし、学習用語の理解力が不十分で、学習についていけなくなり、高学年になると挫折することがあると、学校現場からの声が聞こえる。
　ブラジルコミュニティのフィーリングは「教育は、市民であるためにして人間が社会に受け入れられるための基本条件である。現在日本に滞在している学齢期ブラジル人は五万人。その大部分が日本の学校にもブラジル人学校にも通っていない」。「文化、言葉、教育組織の違い、子どもと教師の経験不足で新しい状況にどう合わせればいいかわからず、多数の子どもたちが精神的な影響を受けて、学校放棄の原因となった。大勢がブラジルで中途半端な教育のまま日本での教育も受けないまま、日本の企業に就職するようになった」（メイドインブラジル――無料マガジン 2005/04 No.02）
　子どもの教育についての移住労働者のスタンスは様々だが、基本的には学校教育による社会的地位向上の神話を持ち、保護者は子どもの進学には前向きである。具体的な進学や入試に向けてのギャップ対策にはお手上げ状態で、慎重な教育論はよそに、ペルーの保護者からは出身国の教育システム同様に「落第制度」を求める意見が聞こえる。
　教育の重要性では意識が一致するためか、早期から学校ビジネスが入り込み、ブラジル人学校、ペルー人学校が設置されている。日本の教育制度の特徴である、競争性による切捨て構造を根本的に批判した討議ではなく、単なるビジネスと言っては言い過ぎかも知れないが、そのような学校がいくつか容認されている。

とにかく、日本の学校制度では、外国人児童の教育は義務ではなく「意思があれば学校に受け入れますよ」といったスタンスになっている。各家庭の経済力や意識によるが、日本の競争制度に従い、切捨てられないよう踏ん張る子どももいれば、切捨てを意識せず仕事に付く子どももいれば、悩んだあげくにブラジル人学校やペルー人学校に通う子ども、完全に無関心で放置されている青少年・少女たちが存在する。

学校に通う子どもたちにとって、学習評価が重視される中学期は、一般に人格形成で最も揺れる時期でもあるが、在日においては日本語能力不足が挫折の自己責任としてのしかかる。日本語能力が学習を妨げる大きな原因とされ、学習サポートボランテアや、学校内の国際学級、付き添い通訳などと対応策はとられている。しかし当人の思春期の揺れや、自己形成に重要な変革期の疑問などは後回しにされているように思えてならない。

日本語不足＝高学歴進路チャンスのロス、チャンスロス＝三K労働、三K労働＝負け組み、負け組み＝低自尊心、低自尊心＝「悪い」仲間――と連鎖。果てには「外国人青少年犯罪の激増」となるあげくに「一方、偶然かどうか、ブラジル人少年犯罪が増大した。警視庁によると、二〇〇二年の外国人犯罪のうち、一五％以上がブラジル人だった。二〇〇〇件近い外国人少年犯罪（二〇歳未満）のうち、六五％はブラジル人青年のものだった。昨年の七月の読売新聞によると、ブラジル人青少年犯罪は国の治安を悪化させると、日本国家公安委員長がある会議で述べたという」（メイドインブラジル――無料マガジン 2005/04 No.02）

在日の子どもたちは日本社会にも出身国社会にもうまく溶け込めない状況に追いやられ、ネガティブな側面が表面化されつつある。

困難な状況をかかえ、親のためにいろいろな場面で通訳を担っている子どもも多く存在する。通訳を担うことによって、彼らは両方の言語と文化を吸収し、両文化の架け橋役になれると思う。このようなケースに限って表面に出ることが少なく、貴重な体験と人材資源が社会的に評価されない。残念ながら、学校と進学問題のみが在日教育問題として取り上げられている。子どもの人格形成プロセスを重視する側面から問題を再提起し、現在の競争性教育制度を取りやめる制度に挑んで行きたいものだ。

草の根連帯をめざして

移住労働者の存在は現在一般的にも認識され、支援団体が全国に存在しネットワークでつながっている。私の体験では、日本人の心ある支援者とパワーレスの当事者が支援の対象として存在し、支援者は一生懸命に状況を把握し、日本社会における移住労働者問題を分析し、行政や省庁と交渉を持ち、法制度の不備や差別問題を指摘するなど、移住労働者運動が展開されている。そして交渉内容は英語、スペイン語やタガログ語への通訳・翻訳の努力もなされている。外国人権利行動もここ数年、毎年行われていて、行動には外国人の参加が目立つようになった。

しかし、支援団体が作成した様々な活動の分析や提言を当事者が内容について討議する場はない。活動が繰り広げられる場に居るだけでは当事者参加とはならない。ナソップの子どもたちは現状把握、分析、判断をもとに何をなすべきかをグループごとに討論し、それを消化し自分たちの言葉を獲得している。それこそが彼らの自己形成、運動における主人公の地位を獲得している事実である。

移住労働者の現状から、どのように主体的運動を立ち上げていくかは、当事者の問題でもあるが、支援団体のサポート活動が、自立を促進する意識化、エンパワーメント活動に移行する必要がある。百年前の移民の場合も、今日の移住労働者の場合も、異国での魅力的な収入、労働市場の需要と供給にさらされて移動すること、そして移民会社や人材派遣会社による搾取対象である点も変わっていない。

「フレイレは、世界を人間的なものにしたいと熱望するすべての人々に、いつも次のことを思い出させてくれる。『歴史を可能性と考えることは、教育を可能性と認識することである。教育はあらゆることができるわけではないにしてもいつかのことは達成できるのだ、ということを認識することである』……我々の課題のひとつは、世界革命に貢献するという意味で歴史的に何が可能なのかを発見することである。そうすれば、もっと円みのある、もっと角のない、もっと人間的な世界をつくれる」（ノームチョムスキー著　寺島隆吉、寺島美紀子訳『チョムスキーの「教育論」』）

例えば、子どもの教育をグループで討論することなどからでも始められ、今後の地域社会と出身国への関心と関わり、組合員に対するチャリティコンサートの趣旨を伝えるプロセスで共感と意思化が図れる。ＮＡＴｓと移住労働者の草の根連帯が芽生える頃、永山さんの蒔いた種にもうひとつ新しい根が張るのではと思う。

獄壁を越えた想像力
――永山則夫氏とペルーの子どもたち

太田昌国
1943年釧路生まれ。出版社・現代企画室編集長。民族問題・南北問題を研究。

私は昨年（二〇〇五年）から、縁あって、「死刑囚による表現展」という試みに関わることになった。事の経緯は次のようなことだ。或る確定死刑囚――彼は、政治犯としては、戦後（一九四五年八月以降）では初の確定死刑囚の一人だ――の母親が数年前に亡くなった。彼女は、息子（たち）が起こした行為と死者をもたらしたその結果に向き合いつつ、「死刑制度廃止」を願って、力を尽くしていた。彼女の死後、一定額のお金を遺してあることがわかった。関係者は相談し、これを「死刑制度廃止」のために役立てることが彼女の遺志に叶うことではないか、ということになった。そのひとつの試みが「死刑囚による表現展」として実現したのだ。

誰にも想像できるだろうが、死刑囚が「表現」することには、さまざまな制約がある。冤罪でない場合には、自らが行なって他者を死に至らしめた行為そのものを内省的にふりかえる過程がなければならないだろう。また、確定死刑囚はもともと面会・文通の範囲が狭く限られているが、場合によっては、その行為ゆえに、親・親族・友人の関係を絶たれた孤独の中に生きていて、「表現」にとっては重要な、他者との対話がまったく不可能な境遇におかれている人もいるかもしれない。収容されている刑務所ないしは拘置所当局によって、死刑囚が自らの内面を表現するという行為に対して、さまざまな制限や妨害が加えられている場合もあるだろう。主体のあり方としても、客観的な条件としても、なかなかに困難な問題を抱え込まざるを得ない。

第一回目には、それでも、一八人の死刑囚から応募があった。募集当時、日本には一三八名の死刑囚がいた。確定死刑囚はそのうち五九人、一審か二審か最高裁かで係争中の人が残りの七九人だった（その後の一年間で、確定者は八〇人に達した。驚くべき増加である）。フィクション、ノンフィクション、詩、俳句、短歌、歌詞、絵、書――表現方法は多様であった。

私はそれらを読みすすめながら、ふと、或ることに気づいた。私たちの精神形成において、死刑囚、あるいは一般的に「犯罪者」がなした「表現」が、けっこう大きな意味をもっているのではないか、ということである。人によって挙げる名前は、もちろん、大きくあるいは微妙に異なるだろうが、私の思うところを挙げてみる。

ブランキ、サド、チェルヌイシェフスキー、ドストエフスキー、ジュネ、金芝河……。

戦後日本の例も少し挙げよう。平沢貞道氏の画、島秋人氏の短歌、李珍宇氏が支援者と交わした書簡、坂口弘氏の短歌、大道寺将司氏の俳句……そこに「表現」された内容に、深く共感をおぼえるにせよ、激しく反発を感じるにせよ、どこか無関心ではいられなくする感情を、それらの作品は私たちの内面にかき立てる。この「表現」をなした者は死刑囚である、あるいは一般刑事犯であるという先験的な知識が、読み方を歪める場合もあるかもしれないが、すぐれた表現であればあるほど、読者は読みすすめるうちに著者のありようから離れて作品それ自体を評価するものだ、ということを信じよう。罪に問われた行為が政治的なものであれ、一般刑事事犯に属するものであれ、「犯罪者」がなす表現行為は、なぜ、かくも人の心を惹きつけるのだろうか？　月並みな言い方になるが、おそらく、極限状況におかれた人間がなす「表現」がもつ、独特の吸引力があるのだろう。おかれている状況ゆえに、世の中とひとに対する深い洞察力が生まれ、それに裏打ちされた表現が、ひとの心に響くのだろう。

そんなことを思いながら応募作品を読みすすめたのだが、考えてみれば私は、「死刑囚による表現展」に関わる以前から、或る死刑囚が残した最後の「表現」との縁があった。永山則夫氏のことである。最後の「表現」とは、処刑される直前に彼が残した遺言のことである。

永山氏が処刑されたのは一九九七年八月一日のことだった。その年は私にとっては忘れがたい年だ。前年一九九六年一二月から続いていた、反体制ゲリラ組織トゥパク・アマル革命運動（ＭＲＴＡ）による在ペルー日本大使公邸占拠人質事件は、翌九七年四月、悲劇的な結末を迎えた。ペルーのフジモリ大統領が、人質解放のために武力行使を指令し、一七人の犠牲者を出して事件は決着をみたからだ。人質を取って公邸を占拠したゲリラは、フジモリ政権が採用している弱肉強食を当然の前提としている新自由主義的な経済政策を批判していた。さらに、フジモリ氏が日系人大統領であることを特別視して、これに全面的な支持を与えている日本政府の政策は「祖国に対する干渉」であると批判していた。また、獄中で劣悪な処遇を受けている仲間の釈放を要求していた。立場によって、ゲリラが要求している内容と取った手段への賛否があることは当然としても、社会的・政治的なレベルでの主張と行動に対しては、同じレベルでの回答・応答が必要である。とりわけ、政治家の場合には。

だが、交渉しているとみせかけていたフジモリ大統領も、結局は、当初から武力行使を準備していたことは、最終的に採用された武力突入作戦によって明らかになった。公邸外部のある地点からトンネルを掘り進めて公邸の真下から部隊を突入させるというその作戦は、四か月間をかけて準備されていたからである。これを日本社会がどのように受け止めたかを顧みるとき、問題はさらに深刻となる。政府は、日本人人質が全員無事であったことから、この武力解決を支持した。メディアの多くも同じであった。テレビなどに登場する評論家のなかには、フジモリ氏の「決断」を見て、「日本には見かけなくなった真のサムライがペルーにはいた」などと言って、日本の政治家の「軟弱さ」を嘆く者が続出した。メディアが作り出した雰囲気からすれば、それが世論の大勢をなした。世論としてあふれ出たこのときの「武力解決志向」が、その後、米軍のアフガニスタン攻撃やイラク攻撃に際して、これを自衛隊が全面的に支援することを許す下地を整えることに繋がったと言えるだろう。無念なことである。

私は、当時、私なりの方法で対抗言論を試みた。このような事件が起こる社会的・政治的な背景は何なのか。「テロ」とは何なのか。小集団の武力行使が「テロ」だとするなら、国家が指令する戦争や反体制運動の鎮圧に使う武力を何と呼ぶのか。事件の終了後は、武力解決を全面賛美する言論を批判した。もちろん、そのような立場から発言する人は、ほかにもいた。それにしても、多勢に無勢という感じは否めなかった。抑えがたい力で、このような時代がきてしまう時はあるのだ、と悔しい思いで考えていた。

事件からしばらく経って、少し落ち着いた捉え方が以前よりは見聞きできるようになった。そのうちのひとつが、確定死刑囚として東京拘置所に収容されていた永山則夫氏の「遺言」だった。刑務所、拘置所によって処遇に少しの違いはあるが、獄中者は、情報が極端なまでに制約・管理された空間に生かされている。面会と文通ができる人は弁護人と親族に、多くの場合、限られている。回数も制限される。ラジオのニュース番組が一日一回限りで、流れる。内容が検閲されるので、放送時間は遅れる。テレビ番組は、ニュースも観ることはできない。新聞は一紙を購読できるだけだ。外部の支援者がどの程度いて、どれくらいの救援活動を行なうことができる立場にいるかにも左右されるが、本や資料の差し入れにも、厳しい制限がある。外部社会に住む私たちが、日常的にどんな情報環境に囲まれて生きているかを考えるなら、情報を享受できる条件の違いは歴然としている。

接しうる情報が多ければ多いほど、何事かを的確に判断できる可能性が高まる、と一般的には言えるだろう。対立する情報や意見を受け取って、その真偽を判断して自らの考えを持つことには責任を伴うが、そこには情報の受け手の主体的な参加があるからである。だが、その意味では、「情報化社会」とすら呼ばれる現代社会に生きていながら、私たちは危うい位置にいる。確かに、情報はあふれている。テレビの早朝から深夜までの放映は当たり前のこととなった。生活形態の多様化に沿って、ラジオでも、若者向けの深夜放送ははるか以前からあったが、高齢者向けの「深夜便」も定着して、久しい。自宅にいても事務所にいても、インターネットに繋げば、つい十数年前までならそれこそ夢のようなものであった大量の情報に接することもできる。加えて、携帯電話の普及と機能進化も著しい。書店へ行けば、本と雑誌があふれている。いかにも、情報過多の社会に私たちは生きているように見える。だが、ひとたび、その情報の中身を問うなら、驚くほど画一的な情報に私たちは取り囲まれていることを知ることになる。

冒頭に触れたペルー大使公邸占拠事件の時に、マスメディアを通じて報道される世論なるものが画一的なものになったのは、大量に流された情報の質によって規定されている。すなわち、「人質の安否こそ最大の関心事」「テロを許すな」「危機管理の強化を」などの主張は、それ自体としては当然のものもある。だが、その主張に沿った情報のみが選択的に流されて、反対の主張あるいは別な視点から事態を解釈・分析する考え方が無視されるなら、そこでは、多様な情報の流通が保障されているとは言えない。物事を「因果」（原因と結果）の関係で捉えることなく、結果だけを取り上げて騒ぎ立てる態度が、あまりに主流を占めたのだ。オウム真理教事件、米国における「九・一一」事件、それに対して超大国が呼号する「反テロ戦争」、北朝鮮による拉致問題、日本におけるいわゆる「小泉改革」問題など、ここ十数年日本社会をその都度賑わせている諸問題すべてに関して、同じことが言える。民衆の日常生活レベルで言うならば、どの問題に関しても多様な意見がとびかっていると考えられるが、マスメディア報道においては明らかに異論は排除されて、ひとつの流れに沿う考え・意見に独占されている。とりわけ、現代人の精神形成に大きな影響力を行使していると思われるテレビの場合に、その傾向がいちじるしい。

こうして大量の情報の洪水に飲み込まれた私たちとは対照的に、永山氏が接することのできたペルー大使公邸事件に関わる情報量は決定的に少なかったと推定できる。その少ない情報のなかから、永山氏は、彼にとって重要な情報を選び出した。（彼は、その真意を明かすことなく処刑されてしまったので、以下に述べることは私たちの「推測」の域を出ない。だが、彼が置かれていた諸条件から見て、その推測は合理性を備えていよう）。それは、ペルーの路上で働く子どもたちについての、ひとつの新聞記事である。一九九七年二月二二日付け朝日新聞夕刊は、リマ在・笠原雅俊特派員の記事を社会面に大きく掲載している。この記事は、人質の安否のみに集中していた同事件報道の中にあって、事件の背景にあるペルー社会の実像に迫ろうとする異色のものだった。

記事は、要約すると、次のようにいう。「ペルーには、仕事のない両親や弟妹の生活を支えるために働く子どもたちが多い。大人が行なう搾取から子どもを守り、子どもたちの自立をめざす『子ども労働銀行』が誕生して一年が経った。銀行の目的はこうだ。子どもを重労働や危険な仕事から解放し、子どもたちが自律的に行なう『ビジネス』に融資する。子どもたちは、菓子屋、観光ガイド、アイスクリーム売りなどの仕事に携わりながら、実際に借金を数か月内に返済している。それにしても、困難は多い。日本の人びとからの援助を期待している」と。

四か月間続いた占拠事件のあいだ、私はかなり丁寧にこの事件に関する各種報道に接していた。ひどい報道だなという意味で記憶しているものはたくさんあるが、よい意味でこころに残っていたものは少ない。その少ない報道のうちのひとつが、右の記事であった。永山氏も、この記事に忘れがたい印象を受けたようだ。なぜなら、彼は処刑される直前に、次の言葉を遺していたからである。「本を出版して印税を、世界の、日本の、とくにペルーの貧しい子どもたちへ送ってください」。「ペルーの貧しい子どもたち」に永山氏の意識が及んだ経路は、獄中の限られた情報量を考えると、この記事を通してだった、としか考えようがない。「子ども、貧困、児童労働、助け合い、協働、自立」などのテーマが、必然的に浮かび上がるこの記事を読んで、永山氏はおそらく、自らの人生と重ね合わせたのだろう。自分にも共通するもの、自分にはなかったもの——その両方を読み取って、彼は先に引いた遺言に見られる決断をしたのだろう。

大量の情報に溺れて、つい問題の本質を見失い勝ちであった獄外の私たち。数少ない情報のなかから、自分が必要とする情報を的確に取り出した永山氏。ここに、「情報」をめぐって現代社会が抱える基本的な問題が提示されている。情報の受け手である視聴者や読者が、それに甘んじて主体的な働きかけをしないならば、受動的な受け手の場所から飛び立つことはできない。情報を主体的に受け止め、自らの意思をこめて何事かをなすならば、その人は、単なる情報の受け手に終わることのない場所へ進み出ることになるのである。

永山氏自身の著作や、永山氏について他人が書いた書物を読んでいる人には明らかなことだが、この「決断」は突然になされたものではない。彼は、自らが犯した犯罪に関して、獄中において真剣なふりかえりを行なっていた。最初の著作『無知の涙』が大変な売れ行きを示したときに、彼が印税をそっくりそのまま、自分が殺めた人びとの遺族、とりわけ遺児に渡すよう出版社に依頼したのは、よく知られている挿話だ。彼は、下層の若者たちのために、夜間中学や「非行少年」のための救援組織の創設も主張した。これらはすべて、どこから生まれたものだろう？　先に引いた新聞記事のテーマに即して言うなら、「子ども、貧困、児童労働」は、時代と地域を異にしながらも、永山氏自身が身をもって体験したことだ。翻って、「助け合い、協働、自立」は、永山氏自身にもその周辺にもまったく欠けていた。そのことに対する痛切な思いが、獄中における彼のさまざまな選択の背景にはあったのだろう。大使公邸人質事件報道を通して、ペルーの子どもたちのもとへと永山氏の意識が伸びていく下地は、十分に用意されていたと言えよう。

こうして進み出た永山氏が遺した「遺言」が、本当に生かされるためには、相手との出会いがなければならない。その点、いくつかの媒介を通して最後に行き着いたのが、まさにあの新聞記事が取り上げていたマントック（キリスト者の子どもである働く子ども・若者の運動）の後身であるナソップ（ペルーの働く子ども・若者の全国運動）の子どもたちであったことは、必然とも言えるが、「僥倖《ぎょうこう》」ではあった。

「永山子ども基金」の名でペルーに送られている資金の使いみちについては、ナソップから定期的に詳細な報告書が届く。また交流が成立して以来、ペルーの子どもたちは二度にわたって来日している。それらの報告を読んだり、見聞きしたりしていると、ペルーの子どもたちは、実に正確に、永山氏の「犯罪」と逮捕後の「転生」、処刑直前の思いなどを理解している。「助け合い、協働、自立」の条件を永山氏が持っていなかったことが、犯罪に結びついたことを直感的に理解している。かつて殺人を犯した者が、獄中における内省の過程を経て、別な価値観をもつ人間に変わり得たことについて、大きな「希望」を感じている。

獄壁によって分断され、直接には出会うこともなかった永山氏とペルーの子どもたちとが、ここまでの実質的な交流ができているのは、稀有なことである。それは、本当に大切な情報を見きわめたうえでの、双方の主体的な選択が可能にしたものであることを知っておきたい。

因みに、永山則夫氏の「遺言」以外で、私にとって印象深いペルー大使公邸占拠人質事件の「解釈」は、シンガーソングライター、中島みゆきさんの「4．2．3．」という曲である。数字は、武力突入が行なわれた四月二三日を示しているのだが、彼女がこの曲にこめたメッセージについては、彼女のＣＤ「私の子供になりなさい」（ポニーキャニオン PCCA-01191）所収の曲を聴いていただくほかはない。

第4章

永山則夫の歩いた道・遺した道

永山則夫の歩いた道

年齢	年月日	できごと	ことば・著作・活動
0歳	1949年6月27日	北海道網走市呼人番外地で出生。姉兄妹八人の第七子。四男。父親はリンゴ剪定職人、検査技師。博打の借金で家、土地を手放し、網走に入植。	「記憶はないけれども、すぐ上の兄貴ね。これに手をつながれて、とにかく港に行ったり、いろいろな所へ手をひっぱられていったことは少し覚えている。頬の傷を付けたときだと思うんだけど、赤い布が前にあって、自分がわんわん泣いていて、誰か隣の者が面倒見たというか、動いている、そういう記憶がある」Ⓐ
3〜4歳	1953年頃12月	ストーブで頬に火傷、傷跡残る。則夫の世話をしていた長姉、精神を病み入院。父、長兄は家に寄りつかなかった。	「網走時代までは、父の記憶は全くないです。母親の記憶もないんですね。わずかに長姉さんが浜辺に、多分網走港だと思うけど、そういうところに連れて行って、何か遊ばせていたのを、多分長姉さん病院に入っていた時でしょうね。何かその病院に俺を負って連れて行ったような、そういう記憶があるんだけど、あとはほとんどないです」Ⓐ
5歳	1954年12月	母親が出奔。次姉と妹、姪の三人を連れて青森県板柳に帰る。一四歳の三姉、一二歳の次兄、九歳の三兄と則夫の四人が残された。	
	1955年5月	四人の子どもの飢餓状態を見かねた近隣の住民が福祉事務所に連絡。母親の許に送られた。	

※1 「年齢」表記は、誕生日を起算している。　※2 「できごと」の出典は、判決と公判資料および石川鑑定書。　※3 「ことば・著作・活動」については特に名前を明記していない場合の「」は、永山本人のことば。その出典は左記の通り。

6歳	1956年 4月	町立板柳小学校へ入学。教育扶助受ける。	「鉄くずとかを三兄と一緒に拾っていたのは記憶にあります。そして港とかに落ちた魚とか拾っていたのを覚えています」Ⓐ
8歳	1957年 秋頃	小学二年の時、初めて家出。主な原因は次兄の暴力。以降、小学校を卒業するまでの間に約二〇回の家出をし、その数と欠席日数の多さが比例。目的地は網走。入院中の長姉に会うために。	「連絡船に乗って姉さんの所へ行こうと思って、そこしかなかったからね。函館を越えて、森という駅まで行ったんだと思う」Ⓐ
9歳	1958年	小学三年の欠席日数一三一日。小学三年の終わり頃、父の姿を見た。兄二人が木刀で殴りつけていた。	
	12月	長姉が退院。帰宅。	
10歳	1959年	姉二人、次兄が中学卒業後、就職して家を出た。四年生になった頃、後を引き継いだ三兄に命じられて新聞配達の手伝いを始めた。	「新聞配達やってて、姉さんがいた時はいいんだけど、網走から帰ってきて弘前に入院してそれで退院してきて、それでやってた時は兄もいて非常にいい環境で、学校にも行けたんだけど、その後いなくなってしまって、妊娠事件とか起こしてね」Ⓐ
11歳	1960年	小学五年生。長姉の症状が改善。家事一切と則夫への親身の世話と教育、愛情で、苦手な算数も成績向上。欠席八日。	

Ⓐ東京高等裁判所での公判証言。1986年11月12、16日、12月12日。
Ⓑ「精神鑑定書」鑑定人石川義博 1974年8月31日。（略 石川鑑定書）
Ⓒ著作『無知の涙』『木橋』などより。

年齢	年月日	できごと	ことば・著作・活動
11歳	1961年	三兄が中学を卒業し集団就職で上京。六年生、学校給食が始まったが「ただ食い」とからかわれて、「じゃあ食わない」。朝は母が仕度、飯とみそ汁、昼は残り物。夜は子どもが交代で乾麺等一品。食べ終わって「あー、お腹が減った」。函館へ二泊三日の修学旅行。石川啄木の碑に感激。 新聞配達が本格化、朝夕合計四〇キロの道を歩いて一日も休まず配達。月給九〇〇円は自分の衣服や日用品、妹たちの小遣い。新聞屋から無料でもらうパス券で映画を観ることが唯一の豪華な夢だった。 長姉が妊娠、七か月で中絶。	「近所の息子が姉さんを妊娠させて、堕した後また弘前の精神病院に入院した。そういうこともあって、ほとんど家事全部、俺がやらなくちゃならなくなった」Ⓐ
12歳	1962年 4月	町立板柳中学校入学。出席一一〇日。欠席一四七日。新聞配達は休まず。	
	12月6日	父が岐阜で路上死。	

13歳	1963年 春	父の路上死時の写真を偶然見る。よだれをたらしていた。強いショックを受ける。自らの出生の意味や「死」を考えるようになる。夜尿止まる。中学二年、出席三二日。欠席二二七日。 戦争映画、西部劇、椿三十郎、奇蹟の人、等の映画は相変わらず、よく見ていた。ポール・ニューマン、スティーブ・マックイーンなどが好きだった。	「父の写真のショックで父のイメージがこわれ夢から現実に引き戻され度胸がついた」Ⓑ 「朝とか配達してきて、いろいろやっているとどうしても遅れてしまうんです。遅刻していくと生徒手帳とられて、立たされて、何回も怒られてどんどん反発が出てきた」Ⓐ 「二年生になって春、そして運動会が終わり、六月頃かな学校に行ったら、自分の机がなくて、隣の教室まで取りに行って…なんかみじめになってきて行かなくなった」Ⓐ
14歳	1964年 6月頃	母、則夫らに告げず北海道に出稼ぎ、一か月。子ども三人の生活。	
	9月頃	誘われて通学。その友と賭博、盗みの見張りをした。教師に欠席を責められビンタを受け、初めて計画的家出。迎えに来て謝った教師に勧められ駅伝に出場、板柳中は一位になるが、教師らへの不信を増す。中学三年、出席一二四日、欠席一二四日。 （実際は出席三〇日くらい）	「陸上部の先生が、最初の方には出来の悪い、というか不良少年みたいのばかり配置して、後の連中に期待したとか何とか言ってるわけね、それを聞いて、なんだこの先生はという感じでね、もう走らないという気持ちもあって喧嘩やって、それで抜けた」Ⓐ

年齢	年月日	できごと	ことば・著作・活動
15歳	1964年 11月頃	母入院。軽い脳卒中発作で自宅療養の後、妹付き添い。空腹、寒さと不眠の毎日で、姪も居着かなくなり、ひとりぼっちに。	「希望としては、グランドのある走れる所が良かったがなくて、ケーキ職人になった方がいいと」Ⓐ
	1965年 3月	卒業、母まだ入院。上京用の服（セーター）を盗み、見つかる。集団就職用専用列車で上野へ。	
	3月下旬	東京渋谷のフルーツパーラーに就職。寮に住み込み。	
16歳	7月	渋谷のライフル少年乱射事件目撃。	「弾丸が飛んできてガラス、壁を射抜き人が傷つくのを見てすごく恐ろしかった」Ⓑ
	9月	同僚と口論、寮を出る。三兄を訪ねた後、横浜で停泊中の船に乗り込み、香港から送還される。	「津軽弁なまりがないので、接客用語とか覚えるのが早くて、なまりとかある仲間の連中、何かオレを嫌いだしてね。いろいろあったが、非行歴が向こうにわかっていて、『ウソつけ、田舎のこと、洋服を盗んだことを知っているぞ』と言われてガーンときて、それからやる気がそがれて」「三兄に会ったが、相談にのってもらえなくて、も

16歳	1965年10月	宇都宮で自動車修理工場に勤務。	うオレ一人で生きていくんだっていう感じもったかな。海見たら、気持ちいいというか、休まるから。密航しようと思ったのかな。人のいない所へ行きたい感じもあったし…。」Ⓐ
	11月	肉店のレジに手をかけ、交番に向かって逃げて捕まり、二日間黙秘したため一〇日間拘留。兄が身元引き取りを拒否したので鑑別所へ送られる。	
	1966年1月	長兄の家を出て、ヒッチハイクで横浜、静岡、京都へ。京都から大阪駅無賃乗車。大阪駅で声をかけてくれた人の紹介で、守口の米店の住み込み店員に。母に初めて送金。身分証明のため、戸籍謄本を求められる。	「役場から、おふくろを通じて取り寄せたら、生まれたのは網走番外地になっていた。ちょうど高倉健の歌、網走番外地が流行していて、シリーズの映画の看板がでかでかと必ず出てくる。本当にびっくりしてしまったんだ。俺は刑務所で生まれたか、と本当にそう思った」Ⓐ
	6月	東京に戻り、池袋の喫茶店に就職。	「保証人とか戸籍を取り寄せてくれと言われると、またという感じで逃げて…どんどん、どんどん下の方に行って。それ以降まじめにというか、そういう戸籍とか提出して勤めることをしていない」Ⓐ
17歳	7月	東京羽田エアーターミナルホテルの食堂に就職。	
	8月	横浜桜木町で一回だけ沖仲仕。浅草でヤクザの手伝い。売春とオデンの屋台の見張り番。	「やさしくしてくれたお姉さんみたいな人にここは長くいる所ではないと教えられて辞めた」Ⓐ

年齢	年月日	できごと	ことば・著作・活動
17歳	1966年 8月下旬	無賃乗車、ヒッチハイクで日光華厳の滝手前で保護される。その後、両手首を切ったが死ねず。	
	9月上旬	横須賀米軍基地に二日間で三回侵入。盗みで捕まる。横須賀警察署に留置一〇日間。原子力潜水艦寄港反対デモで逮捕されていた東大生と同室となる。励まされ高校に行くと約束する。	「米軍基地だから入ったら撃たれるんじゃないかと思って、それで自殺しようと思っていたが、朝まで居れた。逮捕されるか何とかしようと思って、腹も減ったし」Ⓐ「その東大生は、兄弟は能力的にあまり変わらないんだ、夜間高校も行ける、戸籍も変えられると言ってくれた。それで生きる希望を持った」Ⓐ
	9月16日	横浜少年鑑別所に移送、「試験観察」に。	
	11月	川崎のクリーニング店に「補導委託」される。	
	12月	月一回の家裁調査官による「面接」で高校進学を希望。	
	1967年 1月	クリーニング店を解雇。新宿区の牛乳販売所に住み込みで就職。	

17歳	4月	明治大学付属中野高校（定時制）入学。横浜家裁横須賀支部が「試験観察」の終了と成人（一九六九年の誕生日）までの「保護観察」を決定。	「檻のない監獄のように監視されて」Ⓑ
	6月12日	保護監察官と面接。過労と保護観察への不信を訴える。	「先生とか友だちに保護観察を受けているんだってことを言おうか、言うまいか悩んでいて、不眠になって、疲れて」Ⓐ
	6月16日	牛乳販売店を退職。「一日の休みをください」	
	7月	桜木町で沖仲仕。コンテナの中、トラックの荷台、公園のベンチ、オールナイトの映画館で寝た。学生アルバイト風の服装、仕事の合間には英語の本を読む。黒人混血の青年と意気投合した時以外は孤独。	「港というか、船のある所に、人足というか、当時、日雇いの労働者の人たちが働いていて、いいなという感じ…」Ⓐ
	7月20日	明治大学付属中野高校を除籍処分。	
	9月	自衛隊入隊応募、保護観察中のため不合格。新宿の飯場で水道工事の土方、横浜で沖仲仕、東京高田馬場で貨物トラックの助手。	
	10月	東京豊島区の牛乳販売店に住み込み。同居の相棒から、ギターを教わり、本を借りて読んだ。	「当時読んだ本は『若きウェルテルの悩み』『罪と罰』『カラマーゾフの兄弟』など。乞食の母に産ませた私生児スメルジャコフが自分に似ていた。この本は内容よりも国語の練習に使った」Ⓑ

年齢	年月日	できごと	ことば・著作・活動
18歳	1967年11月	明治大学付属中野高校を訪ね、復学希望を申し出る。	「三兄は田舎に帰そうと言っている。それで行ったら本当に帰されるんだろうなと思ってしまった」Ⓐ
	1968年1月	男兄弟四人、次兄のアパートに集まる。長兄の起こした詐欺事件、則夫の将来について兄たちが話し合う。すすめられて酒を少し、酔う。店の居室で寝込み、ボヤを起こし、畳一枚の弁償を悩み退職。次兄のアパートに置手紙。電車で熱海へ、海へ飛び込めず。芦ノ湖で入水できず死ねなかった。ヒッチハイクで名古屋近くへ。電車で京都着。神戸港目指すも、間違えて奈良着。	「必ず海というものが出てきて、海の傍らで死のうと思う、どういうわけか。で、今思うと、網走時代、長姉さんが海の近くでね。非常に可愛がってて、で、抑圧を受けたら必ずその方向に逃げたんだと思う」Ⓐ 「日本がいやになってしまった。なるべく人のいない島へ行こうと思った」Ⓐ
	1月9日	神戸港。密航しようとフランスの貨物船に進入。	
	1月11日	船上で捕まる。左手首をナイフで切る。横浜で海上保安庁船に引き渡し。横浜警察署で自殺予防のため酔っ払い用の留置場に入れられる。	

年齢	年月日	事項	証言
18歳	1968年 1月22日	横浜少年鑑別所に送られる。	
	2月2日	東京少年鑑別所に移送。	
	2月16日	鑑別結果「非行は逃避、反社会性はそれほど強くない」東京家庭裁判所審判不処分に。	
	2月20日	西荻窪、三兄の近くの牛乳販売店に住み込む。	
	3月	則夫の住所変更に伴い保護司、担当地域変更で交代。	「保護司が来て、何か周囲を調べていったらしんだ。本人の素行とかね。三兄のところに相談に行ったんだけれど、ずっと留守でどうしようもないなって感じで、そこもまた、逃げ出した」「学校に行きづらいというか…。委員長に選ばれた時、ああ、これ、もう長くないなと思った、その時」Ⓐ
	4月	明治大学付属中野高校へ再入学。クラス委員長に選ばれるも、負担に。	
	5月	新しい担当保護司と面接。「店には絶対来てくれるな」と頼むも、留守中に二回訪問。	
	5月7日	給料日の前日、集金した金を持ち逃げる。	
	5月10日	一等車で弘前へ。夜、板柳の自宅へ。母はガミガミ。	「北海道に渡って死のうと思った。青森まで行っておふくろのことを思い出して…帰りたくなって」Ⓐ
	5月13日	北海道へ自殺行。青函連絡船でも、大沼公園の湖でも入水できず、雨に濡れ発熱、実家に戻り寝込む。	

年齢	年月日	できごと	ことば・著作・活動
18歳	1968年 5月下旬	リンゴの受粉仕事、三日。働きながらの通学を希望するが、板柳高校定時制から非行を理由に断られる。	
	5月末から	進学断念。母に「帰れ」と追い出される。横浜桜木町で沖仲仕。米俵六〇キロを運ぶ重労働、週三日働くのが精一杯。寝るのはオールナイトの映画館、トラックの荷台。週一回、ゴーゴー喫茶で遊ぶのも寝るため。	「東京というか、沖仲士しかないと思ったから、すぐお金が入るところは。前年に面倒みてくれたおやじさんがいて、半常備になった。常備というのは月極めで港湾労働者として雇われていて、半常備はお金を半分だけその日にもらって、半分は一か月まとめてもらう。その下にアンコと呼ばれる一日限りの労働者がいる」Ⓐ
19歳	夏	猛暑、心身の過労がうっ積。葉山で飲酒し入水自殺未遂。次兄を訪ねると「ここはホテルじゃない」。桜木町のドブ川にアル中の人が落下。救助されては、また投身。見ている人達の光景が眼に焼き付く。	「このままではのたれ死ぬかもしれないとか話して、それでもあんまり乗り気でないという感じの人で、忙しいからまた来てくれと」Ⓐ
	8月中旬	保護観察所へ出頭し、窮状を話す。横須賀米軍基地に侵入（二回目）二夜連続捕まらず。	「ほとんど強制的にジープに乗せられて職探してくれたら行くと。また不合格になることとわかっていた」Ⓐ
	8月下旬	自衛隊から街頭で勧誘され応募。合否発表を待つ間、目黒で旋盤工。警察官が来て、工場長らに保護観察中と告げる。	「自衛隊に電話かけたら『君、米軍基地に入っているから遠慮してくれ』と言われて、ようしやるぞという感じで、そこから始まったんです。何というか、この事件は。何か怒らせるものというか」Ⓐ

19歳	9月中旬	自衛隊不合格。川崎の製鉄会社で日雇い工。	
	10月8日頃	深夜、横須賀米軍基地に侵入（三回目）。留守宅から8ミリカメラ、ケネディコイン、ナイフ、ドイツ製二二口径拳銃（小型女性護身用）と実弾五〇発を盗む。三笠公園遊覧船乗り場で試射、一〇発ほど。桜木町駅付近に拳銃と実弾を埋める。	「撃つなら撃て、死んでもいいという覚悟がまずあった。できたら密航したかった…留守宅でタンスの引出しから落ちた固まりを手にした時、ハッとした。宝物を見つけたというか、友だちという感じになって。試射、本物だった」Ⓐ
	10月11日	午前〇時五〇分頃、東京芝のホテルの庭に侵入。ほかの侵入者と間違われ、逃げようとして発射。被害者は警察官のような制服を着たガードマン。約一〇時間後に死亡。	「東京タワーの下の公園のベンチで寝て、寒くて眼がさめた。美しいプールを見たかった。その前に寝る所という感じだったかもしれない」「ぐるぐる逃げて、また戻ってきたりして。翌朝の新聞で殺人の字を見て、自分が殺したんだと思って。（実際は違う事件だった）警官だと思ったし、向こうもピストルを持っていると思ったし。ところがガードマンだった。後から報道で知って、初めてああという感じになって」Ⓐ
	10月13日	京都着。「きれいなところ」を探し歩いた。	
	10月14日	午前一時三五分頃、提灯を見つけ八板神社境内へ。賽銭泥棒を警戒中の警備員にとがめられ、交番に連行されそうになり発射。被害者は「十七、八歳の男」の言葉を残し、約三〜五時間後死亡。遺留品、ジャックナイフ。	

年齢	年月日	できごと	ことば・著作・活動
19歳	1968年 10月18日	警察庁が二つの事件を「広域重要一〇八号」と指定。	「これ自分がやった以上、死ぬしかないと思って、死ぬ前に一度だけ京都に行こうと」「どこか寝る所を探して朝になったら帰ろうと思って。とにかく来なさいと帰してくれない。ジャックナイフを見せてもだめだと。ピストルを撃ったが『そんなことしてもアカン』とか。で、当たっていないと思って撃った。すぐ警官が来て『撃つぞ』と言っていて観念したが、被害者の倒れている所に帰ってしまった」Ⓐ
	10月19日	池袋の次兄のアパートへ。「二人を殺したのは俺だ」と告白。自首をすすめられても同意せず。北海道で自殺するための旅費をもらった。	「北海道への旅費と睡眠薬（自殺用）が欲しかった」Ⓑ「北海道へ行って死にたいと言うと次兄に『どうせ死ぬなら、熱海でもいいじゃないか』と言われ、泣いた。かわいそうだと思ったのかな、とにかく金を作ってやると」Ⓐ
	10月21日	青函連絡船に乗る。乗船名簿に本人の住所を書き、氏名は友人の名を一文字使い偽名。列車と自転車で函館、森、長万部、小樽、札幌へ。	
	10月24日	網走に向かうも起きたら苫小牧だった。あきらめて自転車で室蘭から長万部に戻り、函館行き列車に。車内で社会科事典にメモ書き。	「思い出にあるところを全部見ておきたかった。札幌の公園で段ボールにくるまって、ガダガダ震えて寝て、次兄の言葉に引っ掛かって。でも非常に動揺していて、とにかく行こう、網走に行ったらなんとかなると」Ⓐ

19歳	1968年 10月26日	夕方、ヘトヘトに疲れて函館着。午後一一時頃、タクシーに乗り大沼公園へ抜けるトンネルより手前、「七飯」に停車させ、発射。逃げようとして目に入った売上金、ポケットの所持金を盗んだ。被害者のタクシー運転手は約九時間後に死亡。	「死ねずして函館行きの鈍行に乗る。このONE WEEKどうしてさまよったかわからない。私は生きる。せめて二〇歳のその日まで」小辞典の余白に記。 「東京へ帰ろう、もう一度暴れて死のうと決意したが、網走へ行ける汽車賃もあるし、まだ迷ってて」Ⓐ 「夜、タクシーが何台も通っていて、非常に寒くて、何か向こうが暖かい所にいて走っているという感じで一台止めて乗ってしまった。乗った以上は何か大きいことをやろうと思った。大きいことといったら、もう人殺しやってきているし、ピストル持っているし」Ⓐ 「また事件を起こしてしまった。こうなったら暴れて死のう。親兄弟なんか、どうでもいい…。でも自分に全く向かって来ない、全く抵抗しない人を殺ってしまった」Ⓑ「生きていてほしい」Ⓑ「新聞に出ていない、生きていると思った。横浜も刑事が多くなって、寒くなってきたし、近く逮捕されるかもしれない。姉妹、三兄のいる名古屋で死のう」Ⓐ「死んだら骨ぐらい拾ってくれるだろうか」Ⓑ
	10月27日	青函連絡船で青森へ、夜仙台。	
	10月28日	仙台から福島まで自転車で移動。	
	10月29日	横浜着、品川で人夫仕事。	
	11月1日	名古屋へ。	

年齢	年月日	できごと	ことば・著作・活動
19歳	1968年11月5日	午前一時頃、タクシーが近づいてきて、ドアを開けて声をかけられ乗車。名古屋港の路上につき「あれ、おかしい」と言われ振り向かれて、発射。初めて血を見た。被害者、約五時間後に死亡。長野駅で新聞を買い、函館の被害者の死亡を知った。	「タクシーの中は暖かったからかな。すぐ乗った。発車して途中、駐在所の赤いランプがあって段々不安になってきて、港で働くんだとか答えてると『あなた東京の人でしょう』という感じで言って、それからドキンとして何も口をきかなくなってしまった。手配されている、通報されるかもしれないという感じになった。そしてピストルを撃った。そしたら、あ、この野郎というか、待てこの野郎という感じで、かかってきたと思った。目つぶって撃った。そしたら倒れてきて、目を開けたら、この辺からドロドロ。それで初めて血を見ておっかなくなって、それですぐ逃げた。もう一度戻った。いない。血もべったりで、座布団を捨て、その下の方にお金の袋が入ってたから取って逃げた」Ⓐ 「逮捕されるんだったら、金嬉老のいた静岡がいいかもしれないという感じで。金嬉老にあこがれていた」Ⓐ
	11月6日	横浜、桜木町に戻る。警官の巡回が多くなる。	
	11月13日	科学警察研究所の鑑定結果、函館事件の弾丸が一〇八号事件の他三件と一致。	
	11月16日頃	静岡県警一〇八号事件準特捜本部設置。「犯人は県下に必ず現れる」と県警刑事部長の談話。（『静岡新聞』一九六八年一一月一七日付）	
	11月16日	静岡着。	

19歳	1968年		
	11月18日	午前三時すぎ、静岡市内の、高校、専門学校、会社の事務所に侵入。現金や預金通帳を盗み、会社事務所に放火。 午前九時すぎ、市内の銀行で払い戻し未遂（直前に通報あり）。警官と対峙し発砲（空弾）したが警官から撃たれず、捕まらなかった。	「必ず警官が来るという感じで、待っていた。来たんだ、二人ね、完全武装した。銀行の係の人に連れられて。警官の前に銀行員がいたから撃たなかったのか、よくわからないけど、とにかく逃げれた」Ⓐ
	11月19日	横浜へ戻って、沖仲仕と土方仕事。	「二人連れの警官、私服多くなったと思った」Ⓑ
	12月初旬	東京中野区にアパートを借りる。 拳銃を根岸の寺の土の中に埋める。 この頃から時々「ノート」を書き始めた。（新宿ノート）	「捕まる前に、アパートを借りること、布団の上で寝ること、こたつにあたることをみんなやりたかった」Ⓑ
	12月8日頃	実名で新宿の大衆酒場に勤める。	「二〇歳になるまでは取りに来ない。二〇歳になったらここで自殺しよう」Ⓑ
	1969年 1月7日	新宿のモダンジャズ喫茶に働く（実名）。	「運転手の顔から流れ出る大量の血を思い出し、じっとしていられぬ気持ちに」Ⓑ 「事件を思い出さないため、踊りと音楽に浸れるゴーゴー喫茶を希望したが、空きがなくて」Ⓑ
	1月下旬	店の客、一六歳の少女K子と交際始める。	

年齢	年月日	できごと	ことば・著作・活動
19歳	1969年3月	刑事らしい男、新入社員の身元調査に来店。同僚に「四人殺しの永さん」と言われる。この頃、次兄を訪ねたが転居。姉からは拒否、離婚していた。アパートに巡査が来て調査。家主に本籍、本名を告げた。	「実兄の前で薬を飲んで死んでもいいし、自首することを熱心にすすめてくれるなら、一緒に自首してもいい」Ⓑ 「どうせ捕まるならオレの方から出ていこう。死刑になっても、自殺してもいい」Ⓑ
	3月下旬	青森の母に送金依頼の手紙を出す。警察が二回来たと返事。	「どうしても一目、K子に会いたかった」Ⓑ
	3月29日	根岸の寺から拳銃を掘り出す。	「好きと言ってくれたら、（事件の）話をして、一緒に死ぬか、自首したかった」Ⓑ
	4月4日	自殺しよう決めていた日。昭和四四年四月四日。	
	4月5日	明治公園神宮でK子と会う。ケンカ別れとなる。	
	4月6日	朝、しめった実弾をこたつで乾かし三発装填。	「撃ち合って死にたかった。自分の頭を撃っても社会に対しての復讐にならないと思っていた。だから自分から人を撃たない感じ。名古屋で血を見てから撃てなくなったのかな。だから逃げたのは、ピストルを持っていないガードマンだとわかってから。逃げて来て、ピストル見たら壊れていた。これで終わったと思った。朝になる前。それでやったら、汗がどんどんどんどん出
	4月7日	午前一時頃、千駄ヶ谷の英語学校に侵入。警報装置を切断。警官を待つ間、事務所内を散乱。急行した白ヘル、警棒のガードマンともみ合い発射。威嚇しながら逃げた。明治公園で装填。頭に当てて撃ったが三発と	

19歳		も不発。自殺失敗。公園の芝生に倒れ込み、もうろうとしながらサイレンの音を聞いた。	て来て、ぐったりして、そこへ眠るというか、朝までいたが、走っていって逮捕された。なんというか逮捕されるしかないと思って…」Ⓐ「苦しかった」Ⓑ
	同日	早朝、渋谷区代々木明治神宮参道で現行犯逮捕される。（拳銃不法所持）顔は蒼白でがたがた震えていた。	「マスコミの取材攻勢に怒りが湧いた。警官が守ってくれた」Ⓐ
	同日	代々木署に留置。愛宕署に移送され、マスコミに囲まれる。	「これで全てが終わった。六月二七日が誕生日で二〇歳になる。それまでに死んでしまおう。死ねば一切が終わる」Ⓑ
		取り調べ始まる。一〇八号事件犯人と断定される。	
	同日	夜、自殺を図る。以後、監視付き。	「刑事があれこれ聞いてうるさいから黙っているのね。そしたらお金のためとか言う。うんって。そしたらその通りになってしまう」Ⓐ
	4月8日	愛宕署が東京地方検察庁に対し、各事件の書類送検を開始。「刑事処分が相当」	
	同日	参院法務委員会で警察庁刑事局長が報告。委員が「保護観察に手抜かりがあったのでは？」と質問。	「当時、弁護士の役割とか裁判の意味も全くわからず、警察が一番えらいものと思っていたので、検事がなんか聞くと『そこに書いてあるだろう』という具合」一九七七年三月一六日陳述書より。
	4月21日	元担当保護司の依頼で私選弁護人就任。	

年齢	年月日	できごと	ことば・著作・活動
19歳	1969年5月10日	東京地検「刑事処分相当」意見を添え東京家裁に送致。（五事件一括）（二〇歳直前の少年事件であったため、家庭裁判所の審判の期限〈二〇歳になるまで〉に間に合うよう調書作成、物証収集も急がされた）	
	同日	東京家裁は観護措置「東京鑑別所に送致」と決定。	
	同日	東京鑑別所に入所（非行少年一五〇人、学生運動で二三〇人を収容して満員だった）。自殺行為を繰り返す。	
	5月14日	母親と面会。	「おふくろはオレを三回捨てた」Ⓑ
	5月15日	東京家裁が東京地検への送致（逆送）を決定。	
	同日	東京拘置所に移送され自殺防止独房に。	
	5月24日	東京地検は、殺人二罪、強盗殺人二罪、強盗殺人未遂一罪、銃刀法違反、を一括、東京地裁に起訴。	
20歳	6月27日	二〇歳の誕生日。	「人生最後の日と決めていた日」Ⓑ
	7月2日	獄中手記執筆開始（弁護人よりの申請受理される）	

年齢	年月日	事項	備考
	8月8日	東京地裁で初公判開かれる。	
	9月8日	第二回公判。弁護人犯罪事実の認否を保留。検察官冒頭陳述。本人罪状認否、東京芝のホテル事件殺意を否認。名古屋事件、強盗の犯意を否認。	「どういうふうに整理したら良いのでしょうか。教えて下さい。教えて下さい。教えて下さい。私は夢の中でも四人の人々が、私の目の前に帰って来て欲しいと、涙ながらに思います。どうか、どうかと、地に口を付ける思いです」『週刊プレイボーイ』九月九日号「連続射殺魔永山則夫手記」より。
	12月9日	第五回公判、弁護人による本人尋問二〇分間。「調書に違うところはないか」との質問に答えを拒否し中止を求めたため。	「大いに違う。だが何も言いたくないんだ、何が真実だ。バカ者」法廷証言。 「この発見はこの監獄での今少しばかりの勉強の功。私は四人の身となり、もはや遅しである。怒りは本物だった！」Ⓒ
	1970年 1月	弁護人より、河上筆著『貧乏物語』差し入れ。	「月の真砂が尽きるとも資本主義のあるかぎり、世に悲惨な事件は尽きまじか」証言。
	5月12日	第一〇回公判。本人尋問。裁判所控え室で全学連の学生と談。	「唯物論をやりたいと言うと『共産党宣言』などを教えてくれた」Ⓑ
21歳	6月30日	第一一回公判。本人尋問に英文暗唱。ウィリアム・ボンガー著「犯罪と経済状態」の一説「貧乏は人の社会的感情を殺し、人と人との間における一切の関係を破壊し去る」（河上訳）が『貧乏物語』に紹介されていた。	「情状はいらない。死刑を」証言。 「自分でもはっきりわからなかったが、訴えたい何かがあった。死ぬ前に何かを残しておきたい。遺書みたいな物だった」Ⓑ この頃、季刊「辺境」（井上光晴編集）に「無知の涙」掲載。文化人による支援、交流始まる。

年齢	年月日	できごと	ことば・著作・活動
	8月26日	第一五回公判。弁護人、大量の証人申請と精神鑑定申請。	
	12月23日	第一八回公判。精神鑑定採用決定。弁護人より獄中手記コピーの証拠申請。	
	1971年 5月16日	精神鑑定書提出される。	一九七一年三月『無知の涙』を合同出版より刊行。出版の条件一、副題は「金の卵たる中卒者諸君に捧ぐ」に。二、印税は初版から三版の八〇パーセントを函館の遺児に。四版から遺族を含む指定の者に支払うことなど。 「私は本を出したいと願望している。印税が入ったら、私が殺めし家族の人々にそっくりそのまま渡したいためである。事件の発生当時懐胎していた一婦人がいるのだ！その人のことを思うと思考不可能な状態に。私はもう泣けないのだ、と自覚した」Ⓒ
	6月17日	第二四回公判。検察、論告「死刑」を求刑。	
22歳	7月19日	弁護団を解任。	
	7月29日	第二六回公判。裁判長転出決定。	
	12月1日	第二七回公判。新任裁判長により開始。第二次弁護団出廷。	
23歳	1972年 7月15日	特別弁護人にマルクス主義経済学者二人が許可される。	
	11月16日	第三三回公判。弁護人冒頭陳述開始。約一年間。	
	1973年 5月4日	第三九回公判。「静岡事件」（起訴されなかった静岡での放火未遂、侵入盗、詐欺未遂）を本人が告白。	三月、「永山則夫獄中ノート未刊行分第一集」（タイプ印刷）夜間中学生らに無料配布される。 六月、支援者による公判対策会開かれる。

24歳	1973年 10月12日	第四二回公判。冒頭陳述終了。精神鑑定を申請。	一二月『キケ人ヤ』（冊子）第一号、プロレタリア犯罪者同盟発行。 一二月『人民を忘れたカナリアたち』辺境社刊・勁草書房発売。 一九七三年五月『人民を忘れたカナリアたち』角川文庫刊。 一〇月『愛か―無か』合同出版刊。 一一月『無知の涙』角川文庫刊。 一一月『動揺記Ⅰ』辺境社刊・勁草書房発売。
	11月28日	第四三回公判。精神鑑定採用決定。鑑定人石川義博。	
	1974年 1月26日から 4月1日	八王子医療刑務所に鑑定留置。法廷で語らなかった事実、生育歴等が本人から明らかにされる。	
	4月1日	裁判長交代。	
	6月5日	検察官「静岡事件」の訴追不要とし、不起訴処分を決定。	
25歳	8月31日	東京地裁に精神鑑定書（石川鑑定書と後述）を提出。	一九七四年九月「永山則夫公判対策会」機能停止。支援運動は「連続射殺魔永山則夫の私設夜間中学」が継続。
	9月21日	第二次弁護団解任。	
26歳	1975年 1月24日	「死刑廃止のための全弁護士選任を訴える」アピールを発表。	一九七五年一月『ルンプロ元年 自立』「連続射殺魔永山則夫の私設夜間中学」刊。 五月、支援グループ「連続射殺魔永山則夫の裁判の現状を知り、カネを集める会」が発足。資金カンパ呼びかけと永山の手記等の冊子『〝連続射殺魔〟永山則夫』（通称赤パンフ）を発行。
	9月10日	アピールに応じた弁護人就任。	

年齢	年月日	できごと	ことば・著作・活動
	1976年 5月28日	第三次弁護団結成。	「ある時点から、犯人が少年だと、永山則夫だと判った上で泳がせていて、静岡では確定的にそれが分かっていて、そして大きな事件を本人にやらせて射殺するとかして、少年法の改悪もくろんだのかもしれない。静岡事件の頃、少年法の適用年齢を引き下げるよう、マスコミのキャンペーンがすごかった」Ⓐ
	6月10日	第四八回公判。「静岡事件」の起訴を要求。裁判長取り調べの可能性を示唆。	
27歳	7月2日	裁判長交代。	
	9月21日	新裁判長により公判日程が強行指定される。	
	10月20日	第五〇回公判。弁護人は抗議の欠席。本人も途中退席命じられる。不在のまま審理。	
	1977年 4月26日	第五五回公判。静岡事件について証人調べ。	
	5月24日	裁判長の一方的公判期日指定に抗議して、弁護人全員辞任。	
			一九七七年六月、支援グループ「金を集める会」の東京グループが「連続射殺魔永山則夫の反省—共立運動」と改称。冊子や会報の発行。静岡事件の糾明を求める署名活動を行う。
			この頃、獄中者への本の貸し出し『仲間文庫』を始める。
28歳	9月7日	東京地裁は東京弁護士会に国選弁護人の推薦を依頼。	一二月頃、永山らが「日本囚人組合」を結成。『囚人新聞』を発行。
	1978年 1月23日	法制審議会、法務省に対し「弁護人抜き裁判」を答申。法務審議官「適用第一号は永山則夫になるだろう」と発言。	

29歳	3月16日	国選弁護人就任。（第四次弁護団）	元銀行員証言「犯人の顔に、被告人と同じようなケロイド状の傷痕があるのを思い出した。ピストルを向けられたのは三メートルぐらいの距離。拳に入るような小さなピストルだった。一〇八号の犯人が捕まった時、似ていると思った」 一〇月、東京弁護士会館前で支援者がハンスト。 一二月『反—寺山修司論』ＪＡＣ出版刊
	10月5日	第五九回公判。静岡事件について、元銀行員が証言。	
	11月	第六〇回公判。石川鑑定人への証人尋問。	
	12月19日	第六一回公判。本人と傍聴者が静岡事件の公開糾明を求めて発言。退廷させられる。	
	1979年 2月28日	第六三回公判。検察側が論告、死刑を求刑。「弁護人を解任しろ」と発言。退廷命じられる。	
	5月4日	第六六回公判。弁護人最終弁論終了。「今からこの法廷を人民法廷にする」と叫んで退廷させられる。弁護団、永山の心神衰弱を主張。	
30歳	7月10日	東京地裁により死刑判決を宣告される。理由「精神状態の異常は認められず。情状はあるが非人間的所業。改悛の情認めず」	

年齢	年月日	できごと	ことば・著作・活動
	7月11日	第四次弁護団は「事実誤認」と主張して、東京高裁に控訴。	
31歳	1980年 7月31日	東京高裁に「控訴趣意書」提出。	
	10月25日	永山と文通を通じて、交流のあった女性が来日し、面会。	「質素なる　ミミの花嫁姿見て、命の涙落とせぬ我よ」Ⓒ
	12月12日	東京拘置所の面会室で、結婚。	
	12月19日	東京高裁で控訴審第一回公判。	
	1981年 2月15日	妻と弁護人が被害者の遺族を訪問。以降、折にふれ訪ね、謝罪と慰霊を行う。	
	3月20日	第二回公判。妻が証言。	
	4月17日	第四回公判。本人尋問。	「北海道の冬は、小さい手には冷たすぎるんだ」Ⓒ
32歳	8月21日	控訴審判決公判。原判決を破棄し、無期懲役の判決。理由「事実関係は一審通り認定。被告人に有利ないし同情すべき情状と謝罪、慰謝あり。福祉政策の貧困にも一因ある」	「できたら塾をやってみたいと思います。今の学歴競争の社会の中で、一番点を取った人は、一番びりの人を援助させるアルトロ主義を発達させるための塾をつくりたい」四月一七日証言。

32歳	1981年 9月4日	東京高検は異例の上告を行う。理由は量刑不当。上告は憲法違反と判例違反に限られていて、戦後の死刑事件で無期判決に対して上告した前例はなかった。	一九八一年九月、フランスで死刑廃止される。日本でも廃止運動が活発に。 九月、小説「木橋」執筆開始。
	同日	弁護団は、抗議声明を発表。	
	9月	最高裁は、以降一九八三年七月（永山事件の最高裁判決）までの約二年間、他の死刑事件の判決を保留。	
	12月12日	東京高検は最高裁に「上告趣意書」を提出。	
33歳	1982年		一九八二年六月二八日、小説「木橋」脱稿。 「東京の被害者への墓参りに、とても感謝しています。どうもありがとうございました。母堂のことについては分かりました。そしてミミの寺をとおしての伝言も、それで今のところ、いいかと思います」 一九八二年一一月、妻宛の手紙。
34歳	1983年 4月25日	最高裁弁論。	一九八三年二月下旬、小説「木橋」新日本文学賞を受賞。五月七日、小説「なぜかアバシリ」脱稿。五月二九日、小説「螺旋」脱稿。七月下旬、小説「土堤」を執筆、『新日本文学』一一、一二月号に掲載される。七月一五日、小説集『木橋』立風書房より刊行。
	7月8日	最高裁第二次小法廷は、「原判決を破棄し、東京高裁へ差し戻す」と判決。（裁判官全員一致）理由「高裁の量刑判断は誤り。破棄しなければ正義に反すると認めざるを得ない。本件の重要性、特殊性に鑑みさらに慎重な審理を求める」	

年齢	年月日	できごと
35歳	1984年 12月19日	東京高裁第一回公判。第七次弁護団意見陳述。
	1985年 1月30日	裁判長転出、交代。
36歳	7月1日から	妻と編集者が、著作『木橋』を持って遺族を訪問。
	7月17日	名古屋地裁豊橋支部で出張尋問。三兄が証言
	10月24日	裁判長転出、交代。
	12月23日	主任弁護人が東京高裁に「精神鑑定申請書」を提出。
	1986年 1月23日	主任弁護人を解任。
	1月31日	第七次弁護団が「精神鑑定申請補充書1」を提出。

ことば・著作・活動

「オレが殺した四人が生き返ってくれるなら遺族の前で腹を切って死ねるよ。死刑になれば楽になれる。でも、オレは逃げない。逃げないから、反省していないと言われるが、生きて…」Ⓒ

一〇月三日、小説「死刑の涙」脱稿。翌年の「文藝賞」に応募、落選。

一九八五年三月二〇日『裁判ニュース』第一号裁判ニュース刊行会より発行。
（一九八七年一二月第一七号まで）

六月、東京シューレが北区に開設される。

一二月頃、妻が著作『木橋』を持って東京シューレを訪問。

七月、次兄証言「助けてやってくださいとは口が裂けても言えないが、家庭環境、兄弟の年齢間でも差があった。一九歳の精神年齢であったかどうかを、わかっていただきたい」

	1986年		
	2月26日	弁護人四人が辞任。	三月一五日、科学小説『ソオ連の旅芸人パロール・パロディスト氏の一日』言葉社より刊行。
	3月31日	最後に残った大谷恭子弁護士が「精神鑑定申請補充書2」を提出し、辞任。	
	4月3日	協議離婚、妻が提出。	五月、小説「破流」を『文藝』夏季号に発表。
	4月4日	東京高裁が国選弁護人に主任弁護人と大谷を選任。	
	5月8日	両弁護人は裁判長宛に「選任命令」の撤回を申し入れる。	
	5月20日	第二東京弁護士会会長が東京高等裁判所長官に、両弁護士の「選任命令」の撤回を申し入れる。	「『共産党宣言』というのは非常に僕にショックを与えた。初めて仲間を殺したと思った。それからものすごい後悔というか同情が、また自殺という形でそれが現れたが、なぜ仲間を殺したのか、仲間を殺さないためにはどうしたらいいのか、それしかやっていないんだ。いろいろなことやっているけれど全部そこに集中しているんだ」Ⓐ
37歳	7月15日	東京高裁は、両弁護士を国選弁護人から解任。遠藤誠弁護士を新たに選任。	
	9月24日	第十四回公判。遠藤誠弁護人による元妻、大谷ら元弁護人の証人尋問。被告人作成の「業績鑑定請求書」を提出。	

年齢	年月日	できごと	ことば・著作・活動
37歳	1986年11月12日	第一六回公判から一二月一二日の第一八回公判まで被告人質問が行われる	一九八七年三月一日、『ブリュメール十八日ノート』裁判ニュース刊行会より刊行。五月、小説「捨て子ごっこ」『文藝』夏季号に発表。七月一〇日、『捨て子ごっこ』河出書房新社から刊行。九月一五日、『東京高裁被告人供述調書』裁判ニュース刊行会編刊行
	1987年3月18日	差戻控訴審、東京高裁は「控訴を棄却し、一審死刑判決を維持する」と判決。理由「棄却しなければ、著しく正義に反する。刑は重過ぎぬ」	
38歳	10月22日	最高裁第三小法廷に「上告趣意書」を提出。	一九八八年二月七日、小説『死刑の涙』私家版刊行。五月、小説「残雪」『文藝』夏季号に発表。一二月、小説「なぜか、海」『文藝』文藝賞特別号に発表。
40歳	1990年2月6日	最高裁第三小法廷にて遠藤弁護人（私選）による弁論。	一九八九年六月三〇日『なぜか、海』河出書房新社から刊行。一二月、小説「陸の眼」『文藝』文藝賞特別号に発表。 一九九〇年一月二九日、日本文芸家協会理事会に「入会申込書」を提出。推薦人は作家の加賀乙彦、文芸評論家の秋山駿。二月一四日、入会委員会が決定を保留。二月二二日、入会の申し込みを取り下げる旨の手紙を加賀に郵送する。五月、小説「異水」『文藝』夏季号に発表。
	4月17日	最高裁第三小法廷は「上告棄却」と判決。理由「罪責は重大」	
	4月23日	弁護人は「判決訂正の申立書」を最高裁に提出。	
	5月8日	永山則夫の死刑確定。「申立」却下。	
	5月14日	東京拘置所内で確定死刑囚として下獄。まもなく、岐阜の女性が身柄引受人として就任。	

年齢	年月日	事項	備考
	1990年		五月、日本文芸家協会の永山則夫入会拒否に抗議し、筒井康隆、中上健次、柄谷行人の三氏が脱会を表明。五月三〇日、小説『異水』河出書房新社から刊行。七月四日、河出文庫版『無知の涙増補新版』、同『木橋』刊行。一二月一〇日、『永山則夫の獄中読書日記―死刑確定前後』朝日新聞社から刊行。
43歳	1993年3月3日	東京拘置所に「日誌」「読書ノート」を宅下げ（身柄引受人宛）申請を提出したが、不許可。	一九九二年一〇月一〇日、小説「華」執筆開始。一九九三年一月二一日、「新論理学試論（落ちこぼれの学）」執筆始める。
44歳	1994年1月	遠藤誠弁護士と接見。身柄引受人からの辞退要求について相談。以降接見者なし。	一九九四年三月三〇日、獄中通信『新論理学ニュース』第一号発行。以降一九九七年七月号まで、身柄引受人が発行。
45歳	1995年2月	身柄引受人宛手紙で、交代の候補者二名をあげ、連絡を依頼。	助川武夫「永山君の事件と調書には疑問が多く確かめたかったが、本人は死刑を望むばかりで語ってくれなかった。死刑という結論が私にはどうしても納得できない。この小稿が少しでも役に立ててたら」（『永山則夫の死刑判決への疑問』中央学院大学総合科学研究所紀要第一二巻第一号）
47歳	1996年9月	助川弁護士が、再審に役立てることを願って、一審時陳述されなかった弁論を公表。	

年齢	年月日	できごと	ことば・著作・活動
47歳			一九九五年、「小説「華」は一八八三ページまで「新論理学・試論」は三五三ページまで書いているが、発信制限のため出せない。同封、新論理学・試論（一二四〜一二九）計六枚。よろしく」三月二三日付け。獄中通信『新論理学ニュース』に載った身柄引受人宛手紙より。
	1996年11月	交代の候補者が東京拘置所に、身柄引受人についての相談のため永山に面会に行くが、接見は不許可。	
	1997年1月	獄中通信『新論理学ニュース』に窮状の訴え続く。	一九九七年、「このニュースはじめて塗りつぶしにあいまして、丁寧に真っ黒。外がどうなっているのか不明」一月一六日同手紙より。
	2月22日	ペルーの日本大使公邸占拠人質事件関連報道で「小さな働き者たち」が紹介される。	「論理シリーズを作るのです。Yさんが七割、永山が三割の取り分とし、Yさんと永山の一割をYさんが管理し、巨額になったら、世界の貧しい子どもたちのために使うのです」二月三日同手紙より。
	3月14日	ドイツ作家同盟ザールラント州支部が正式会員として受け入れ。アムネスティインターナショナルと共に恩赦を要請。	

年齢	年月日	事項	備考
	1997年6月13日	身柄引受人辞任届が東京拘置所に提出される。	一九九七年、リマからの通信「自立を支援、世界から資金。がんばる小さな働き者たち。ペルーの子ども労働銀行。資金が足りないのが悩み、日本の方々からの支援を期待」二月二二日、朝日新聞夕刊。
	6月16日	身柄引受人依頼の発信が許可され、市原みちえ宛手紙を出す。	
48歳	7月9日頃	依頼を断り、元妻を推薦する返事が届く。	
	7月13日	遠藤弁護士に身柄引受人の相談と再審の準備をしたいとの手紙を出す。	「四月一六日に残金一〇円。拘置所と交渉しているのか不明。世界の子どもたちと人を解放する科学思想のため、もっと積極的に。「華」（二一七～二二二ページ）六枚同封）」五月一日、『新論理学ニュース』に載った手紙より。
	7月27日	このころ、松浦功法務大臣が、死刑執行命令書に署名。	
	7月28日	身柄引受人の件で、面会特別許可。外部の人との接見は、三年半ぶり。遠藤弁護士宛に、身柄引受人の件で手紙を書く。	「三人に出せるのね。市原さんと新谷さんと遠藤さん。今、遠藤さんに手紙を書いていたところ。新谷さんの住所を調べて欲しいっていってね。運動をして、印税で、貧しい子どもたちへ、世界の、日本の、とくに○○○の子どもたちへ送るのね。何かあったら、売れるよ」七月二七日、面会者市原みちえに談。
	7月31日	遠藤弁護士は、新谷のり子に身柄引受人の受任を打診し、その結果を、同日返事を出す。ただし、手紙は開封されず、八月四日、東京拘置所から返還された。	

年齢	年月日	できごと	ことば・著作・活動
享年48歳	8月1日	東京拘置所で死刑執行される。午前一〇時三九分絶命。この日、同じ東京拘置所内で一名、札幌拘置所支所では二名が執行される。	大道寺将司「八月一日朝、九時前頃だったか、隣の舎棟から絶叫が聞こえました。抗議の声のようだった。すぐにくぐもったものになって聞こえなくなったので…案じていました」著書『死刑確定中』（太田出版）より。

永山則夫の遺した道

年齢	年月日	できごと
享年48歳	1997年8月1日	東京拘置所で死刑執行される。
	8月2日	未明に各マスコミに永山ら四人が死刑執行の情報入る。
	同日	昼前に元弁護人大谷恭子、アムネスティ・インターナショナル、死刑廃止を求める弁護士らが抗議の記者会見。
	同日	午後二時、遠藤弁護士、大谷弁護士が遺体引取を申し出る。午後三時、火葬。
	8月4日	遠藤、大谷弁護士、元妻らが遺骨、遺品を引き取り、遠藤弁護士宛の口頭遺言が伝えられる。
	8月6日	ドイツ作家同盟ザールランド州支部が同盟会員永山の処刑に抗議の議長声明。
	8月14日	都内林泉寺で告別式。葬主遠藤弁護士。一五〇人が参列。

ことば・著作・活動

遠藤誠「朝刊を見て、腰が抜けそうになった。遺体の引き取り手である身柄引受人が空白で、執行は当分ないと思っていた。神戸の事件がらみで順番を早めさせられたと直感した」一九九七年一二月、『論座』

一九九七年一〇月二〇日、遺稿集『日本』冒険社から刊行。以降、小説集『木橋』（立風書房）、文庫『無知の涙』などの増刷続く。

一一月二八日、長編小説『華』Ⅰ・Ⅱ巻河出書房新社から刊行。一二月一八日、『華』Ⅲ・Ⅳ巻河出書房新社から刊行。

一九九八年二月四日、文庫版『人民を忘れたカナリアたち』河出書房新社から刊行。三月一日、『文藝別冊永山則夫』河出書房新社から刊行。五月一日、『文章学ノート』朝日新聞社から刊行。六月二五日、『死刑確定直前獄中日記』河出書房新社から刊行。

8月18日	元妻が遺骨を網走沖の海に散骨。	
9月1日	永山子ども基金発足。代表遠藤誠。	
11月26日	遠藤弁護士らが、日記の在否等を問い、引き渡しを求めて弁護士会照会を行った。	
12月1日	東京拘置所から回答、「引き渡したものが全て」	
1998年 2月14日	永山の遺言の趣旨を広く知ってもらうため、コンサートを計画。実行委員会発足。代表大谷恭子。	
4月13日	ペルー送金先として、ストリートチルドレンの施設エマヌエル・ホームを検討。	
6月5日	送金先に路上の子ども達の支援組織マントックを加えることに。（後に、マントックの活動から生まれたナソップに変更される）。	クシアノビッチ「このことは、世界中の何千万人もの路上の子どもたちの戦いの歴史の中に、愛の力として刻まれるに値することだと思います。その方の名字、名前、その個人史を私たちは知る必要があります。極めて高い危険にさらされているたくさんの子どもたちと共通する経験を持つ人について知ることは、彼らにとって大きな刺激です。」一九九八年七月八日　コンサートに寄せられたメッセージより。
7月10日	コンサート「Nから子どもたちへ—ペルーの子どもたちへ—今歌声をそえて」（東京・朝日生命ホール）出演…長谷川きよし、友川かずき、新谷のり子、せきずい。参加者六〇〇名	

年齢	年月日	できごと	ことば・著作・活動
没後1年	1998年7月28日	エマヌエル・ホームに送金。	
	8月1日	遠藤誠、けい子夫妻が永山則夫の分骨を網走沖に散骨。	
	12月9日	ナソップへ第一回送金。	
	12月16日	ペルー、リマで第一回贈呈。詳細な資金活用計画届く。	
	1999年1月26日	ナソップへ第二回送金。	義井豊「子どもたちは、永山の無知の涙を身体で理解した」一九九九年一月二六日。ペルーでの贈呈を報告して。
没後2年	8月7日から9月19日	北海道小樽市立小樽文学館特別展に「無知の涙」ノートなど五〇点貸し出し。初公開。	一九九九年六月、『死刑事件弁護人　永山則夫と共に』大谷恭子著、悠々社刊行。
	8月23日から9月2日	ペルー訪問交流「ペルーの子どもたちと出会う旅」新谷のり子ほか一一名。ナソップへの残金を現地で贈呈。ナソップより第一回報告書受理。	ナソップの子どもたち「罪を犯した人も学んで変われると証明した永山則夫を尊敬する。だけど、私たちは、永山則夫（のような殺人者）にはならない」八月下旬リマ市で新谷らを歓迎、交流会に集まった八〇〇人が口々に。
	11月27日	ペルー報告会／新谷のり子他（東京・早稲田）	

没後3年	2000年 5月17日	ナソップの全国代表パトリシアと大人の協力者クシアノビッチ来日。	太田昌国「刑務所の壁を越えた死刑囚の想像力が、南と北の子どもたちの下からのネットワークを生んだ」五月一九日の集会で。
	5月19日	永山子ども基金主催集会開催「Nから子どもたちへ――ペルーの子どもたちは今」（東京・早稲田）	パトリシア「永山の印税には『自分のように貧困に押しつぶされずに生き抜いて』とのメッセージが込められている。私たちは永山に感謝し、意志を引き継ぐ」同集会で。
	5月20日	パトリシア、東京シューレ王子を訪問交流。クシアノビッチ、川崎で在日ペルー人労働者と交流。	
没後4年	2001年 9月29日～10月10日	東京シューレの奥地圭子ほか七人が、ペルー・ナソップを訪問交流。	パトリシア「日本の学校や社会が子どもの人権を奪っていることがよく分かりました。（ペルーの）貧困は確かに苦しいが、尊厳のある仕事と人権が尊重されることを望んでいる」五月二〇日、東京シューレの交流で。
	11月3日	「ペルー働く青少年基金」Fondo Natsop設立（神奈川県川崎市、事務局長小倉英敬）（以降ナソップ基金）	棚原恵子「以前クシアノビッチが神奈川シティユニオンを訪問し、ペルー人労働者と交流したことを踏まえて、村山委員長が、解雇者の集会で提案し、ナソップ基金が発足した」『ナソップ来日記録集』より。
	2002年 1月22日	遠藤誠永山子ども基金代表死去。	
	6月10日	『東京シューレ・ナソップ訪問記ペルーの働く子どもたち―ある遺言の行方』刊行。（編集発行・NPO法人東京シューレ／発行協力・永山子ども基金）	

年齢	年月日	できごと	ことば・著作・活動
没後5年	2002年6月	ナソップ招へい実行委員会発足。（呼びかけ・東京シューレ）	奥地圭子「えっ、どうやって一万人もの子どもたちがつながっているのだろう。それを子どもたちの力で運動していくって、どうして可能なんだろう。支える大人たちはと、強い関心をそそられた」『東京シューレ、ペルー訪問記』
	12月5日～12月30日	ナソップ来日。対話と交流。（全国代表・エリザベス、ニミア、カルロス、リサンドロ）（大人の協力者・エステル・ディアス・ゴンサレス）	エリザベス「確かに永山さんは罪を犯した。でも、当時、私たちと同じように悩みを共有し、話し合える場があって、自分が置かれた貧困状態を客観的に意識化できていれば、犯罪を犯さなかったと思う」 ニミア「永山さん一人の責任ではない。貧困という問題に向き合わなかった社会全体の責任でもある」一二月九日集会で質問に答えて。 リサンドロ「この運動は生きるためにどうしても働かなくてはならない子どもたちをサポートするためにある。法律に反しているからダメだということではどうにもならない。飢え死にした方がいいのか、ということになる。貧しさがあっても、一人ひと
	12月9日	永山子ども基金主催集会「Nから子どもたちへ—ある遺言の行方—南北の子どもが出会う時」（東京・早稲田）	
	2003年3月30日	『子どもたちが社会を変える～ペルー・ナソップ働く子どもたち～二〇〇二年一二月ナソップ来日・記録集』刊行。（編集発行・特定非営利活動法人　東京シューレ／ナソップ招へい実行委員会／発行協力・永山子ども基金・ナソップ基金	

没後6年	2003年5月	ナソップより、資金活用報告書第二回届く。二〇〇二年一二月までの報告。使途は主に活動経費。残金四五一ドル	りの権利が尊重されて、それぞれが役割を持っていて、平等で差別がなく、大事にされる、そういうことをいつも考えている。以前は人を殺す人なんか死んでもいいんだと思っていたが、どうしてそうなったんだろうと考えるようになって、社会が見えてきた」一二月二三日学習会で。（一三歳）
没後7年	2004年2月	チャリティコンサート実施を決める。目的、ナソップへの支援。使途は学費。	
	7月30日	チャリティ星空コンサート「Nから子どもたちへ　ペルーの子どもたちへ」出演…新谷のり子他／会場…東京北区　北とぴあプラネタリウムホール／共催・アムネスティインターナショナル日本、東京シューレ、ナソップ基金。	リサンドロ「よりよい暮らしをするために手を貸してくれる人々に感謝しよう。おかげで僕らはそう遠くない未来、食べ物もない人々に恩返しできるだろうから」七月三〇日コンサートへのメッセージ。

年齢	年月日	できごと	ことば・著作・活動
没後7年	11月	奨学金の名称を「永山則夫奨学基金—ペルーの働く子どもたちへ」と決める。処刑後一〇年までの三年間、年一回、処刑日八月一日当日又は直前の休日に行う。目標五〇万円。寄付に当たっての条件。奨学基金の自主管理、責任の明確化。就職後の返還リサイクル資金とする。公募、情報公開など。	義井豊「ペルーは、経済が破綻し、不況が深刻。失業する子どもが急増。路上に戻る子どもも多い。ナソップが、イタリアからの寄付三〇〇〇ドルを原資に、奨学基金を昨年からスタートした」一一月九日ペルーから帰国し報告。
	12月	今夏分として五〇万円（チャリティ収益四四万三六〇〇円＋永山子ども基金より支出）を寄付。寄付金はナソップが運営する「ペルーの働く子どもの奨学基金」に受領される。	
没後8年	2005年7月30日	第二回チャリティ星空寄席&フォルクローレコンサート「ペルーの働く子どもたちへ　Nから子どもたちへ」出演…春風亭華柳、木下尊惇、橋本仁／会場…東京北区　北とぴあプラネタリウムホール。	ナソップ「私たちの仲間である永山則夫が、貧しい子どもたちが幸せに生きることができるようにといただいた夢は、今現実のものになりつつあることを、私たちは誇りを持って言い切ります」七月三〇日コンサートへのメッセージ。

没後9年	2005年11月	ナソップのペルーの働く子どもたちのための奨学基金に今年分を寄付。	参加者「死刑執行のニュースを東北新幹線のテロップで見た時のショックを今も忘れられない」「今まで知らなかった。もっと知りたい」「永山の意思が、彼以上に広がっていくことを願っている」同コンサートでのアンケートより。
	2006年1月	ナソップより奨学基金の報告と計画届く。	
	7月25日～8月5日	ギャラリー展『世界の働く子どもin南米』（会場…東京北区　北とぴあ六階展示ロビー）	二〇〇六年七月『ある遺言のゆくえ　死刑囚永山則夫がのこしたもの』永山子ども基金編／東京シューレ出版より刊行。
	7月30日	第三回チャリティ星空ガムラン＆フォルクローレコンサート 出演…スタジオ・パナス／木下尊惇、橋本仁、犬伏青畝／会場…東京北区北とぴあプラネタリウムホール	

あとがき――もうひとつの永山基準

大谷恭子

永山の無期懲役判決を破棄した一九八三年最高裁判例は、以降、死刑と無期懲役の量刑判断の基準判例となり、これがいつからか永山基準と呼ばれるようになった。永山君もこんなところに自分の名が残っていることに不名誉を感じているに違いないし、これに関わった私としてもなんとも口惜しい。永山事件を通じていえば、彼を一審死刑から無期懲役に減じた高裁船田判決こそが量刑基準とするにふさわしいものだったはずだ。私は、永山基準というなら、この船田判決が示した量刑判断をその基準としてもらいたい。特に少年事件における判断基準とすると、きっと最もよく少年法の理念を体現し、以降の社会、裁判所の変化をみると最後の金字塔のような判決だった。

船田判決は、徹底的に永山君が犯行時少年であったということにこだわった。法は一八歳未満の者を死刑にできないとしている。その趣旨は、これから変わりうる可塑性に富む少年を死刑とし、全ての可能性を奪ってはいけないこと、また少年は社会の鏡であり、未熟な少年の考えや行動は、少年個有の責任だけでなく、それをとりまく大人、社会にも一端の責任があることが多いことによる。そして、永山君は一九歳だったのだから法的には死刑にできるが、それでも死刑という判断をするにあたって、彼が一九歳相応の成長を遂げているのかどうか、その成熟度は一八歳未満と同視しうるようなことはなかったのかと慎重だった。船田裁判長らは、目の前の成人に達した被告人永山だけを見るのではなく、少年永山を見つめようとした。貧困、家族の崩壊、捨て子、母親への飢餓感情、いじめ、疎外、孤独、記録の中に埋もれた彼の生育歴を丹念に読み込み、一九歳ではあっても、その悲惨な生育歴から一八歳未満の成熟しか遂げていなかったかもしれないとしたのだ。

実際、私たちは最高裁で差し戻された後、高裁での審理の過程で、心理学者が永山の生育歴を独自に調査・研究し、子どもの成長にあって、彼ほどの不利な条件にあったものはなかったのではないかと、これを「不利条件の集中豪雨の如くである」と、研究論文を発表していることを発見した。

よく言われることだが、人は完全な形で産まれない。決して一人で放置されては生き延びることは出来ない形で世に産みおとされ、以降は家族、社会が育てる責任を負っているのである。その成長が保障されなければならない少年に対し、社会はどうあるべきか、この判断基準を示したのが、まさに船田判決であり、これこそが永山基準と呼ばれるにふさわしい。もしあのとき最高裁が検事上告を退け、永山の無期懲役が確定していたら、そのときは船田判決こそが無期懲役と死刑、特に少年事件における無期懲役と死刑の量刑判断の基準判例となったはずである。それは少年を死刑に処するにあたっては、その生育歴、環境等、成長に影響を与えた事由をつぶさに精査し、年相応にふさわしい成長、成熟が保障されてきたのかどうかを吟味し、そして、どの裁判官にあたっても（ということは誰がみてもということだが――）死刑を選択するであろうと思われるほどの事由があるときに死刑にするべきであるという、少年法の趣旨と死刑に対する謙抑的姿勢が先例として基準となっていたはずである。

しかし、船田判決は最高裁によって否定され、基準どころか、彼の死刑への通過点にすぎなくなってしまった。そしてそれだけではなく、これを否定したほうが基準となり、以降、刑事事件も少年事件も厳罰化の道を歩み続けている。

これによって社会が平和になり、犯罪のない社会に近づいているなら、それもまたやむを得ないのかもしれない。しかし、決して厳罰化によって犯罪はなくならないし、抑止力にもなり得ない。犯罪は、特に少年事件はその原因にさかのぼり、犯罪を産む社会的要因を根気よく摘み、そして近代刑罰法の原則である教育刑を徹底して研究工夫するしかない。

子どもと接していると、子どもが決して親だけの影響で生きているのではないことに気付かされる。彼らは敏感に、親を通じ、もしくは地域や属する集団を通じ、社会の価値観・感覚を身につけている。心理学者をして「不利条件の集中豪雨」と言わしめた元少年を死刑に処し、これをターニングポイントとして厳罰化の道を歩み続ける我が国は、この先、一体どう変わっていくのだろうか。死刑を存置し、厳罰化によって社会の平安を維持し、社会的な取り組みによって被害者を癒すのではなく応報によって鎮めようとする国——個人の結果責任の追及に厳しく社会的責務の履行に甘い国家は、これからも結果として無責任な、他者の痛みに鈍感な若者——社会を擁し続けていくに違いない。

これに気づかせてくれるのがペルーの若者たちである。彼らの国は貧しく、街には犯罪があふれている。にもかかわらず彼らは明るく、何より他者の痛みに敏感である。社会の在り様を鋭く指摘しつつ自らの責務を社会的に位置づけ、自らもともに社会を変えていこうとするとき、他者の痛みに鈍感であり続けることはできないのだろう。

死刑囚の遺言が地球を一周し、日本の若者とペルーの若者をつなぎ、在日外国人労働者とペルーの若者をつないだ。これこそは他者の痛みを共有することなくしてはできない。私はこの輪がもっともっと拡がって、日本の社会の在り様を揺さぶることができたら、と夢想する。

最後に、私の秘密の場所を明かしたい。東京拘置所の裏手の高い塀と用水路にはさまれた塀沿いの一本道。接見の後、最寄りの小菅駅に出ずに少し遠回りだけど綾瀬駅に通じるこの道を帰った。この道はほとんど誰も通らない。接見はいつも午後の最後だったから、すれ違うのは家路を急ぐ子どもたちの自転車か、夕餉の買い物袋を下げた女性。道の先に夕日が沈む。涙を人に見せずに済む道。

あの日もこの道を帰った。永山君と初めて接見した日。彼は、一審死刑判決の後、弁護人のなり手がなく探していた。断るつもりだったが、接見後、引き受けてみようかな、と考えながらこの道を帰った。最高裁で無期が破棄され、高裁で審理をやり直さなければならないことを永山君と話し合った日。彼はそのとき落ち着いていた。自分は生きたいと思っていなかった。最初から死ぬ気だった。なのに生きたいと思わせた……これに私がどう答えたか、まったく覚えていない。きっと言葉を失ったか、意味のないことを言ったのだろう。夏の判決だったのに接見はもう秋になっていた。道端の夏雑草を夕日が紅く染めていたのは確かその日のことだ。

旧舎は取り壊され、近代的な建物になったが、この道はまだある。私は、永山君の弁護人を辞任してからは一度も使わない。もちろん小菅のほうが近いということもあるが、この道には接見室の会話が余りにもしみ込んでいる。

でも、今度あの道から帰ってみようかな、と思っている。

本書は、実に多くの人が関わりここまでに至った。それぞれの人が点で関わってきたことを一本の線につなぐかの如くであり、それは膨大な作業量であった。これを丹念にして頂いた東京シューレ出版の編集室、また写真や資料を提供して下さった方々、本書に関わって下さった全ての方々に、心からの感謝の気持ちを伝えたい。ありがとうございました。

二〇〇六年七月

永山子ども基金〔連絡先・弁護士 大谷恭子〕

〒160-0004 東京都新宿区四谷 2-14-4 ミツヤ四谷ビル
四谷共同法律事務所内
Tel. 03-3353-7771
Fax. 03-3353-7773
カンパ先（郵便振替口座）
口座番号 00190-3-183590　口座名 永山子ども基金

ある遺言のゆくえ
死刑囚 永山則夫がのこしたもの

発行日／2006 年 8 月 1 日 初版発行
編者／永山子ども基金

発行者／小野利和
発行所／東京シューレ出版
〒162-0065 東京都新宿区住吉町 8-5
Tel・Fax. 03-5360-3770
Email info@mediashure.com
HP http://mediashure.com

印刷・製本／株式会社光陽メディア

定価はカバーに表示してあります
ISBN4-903192-04-0 C0036